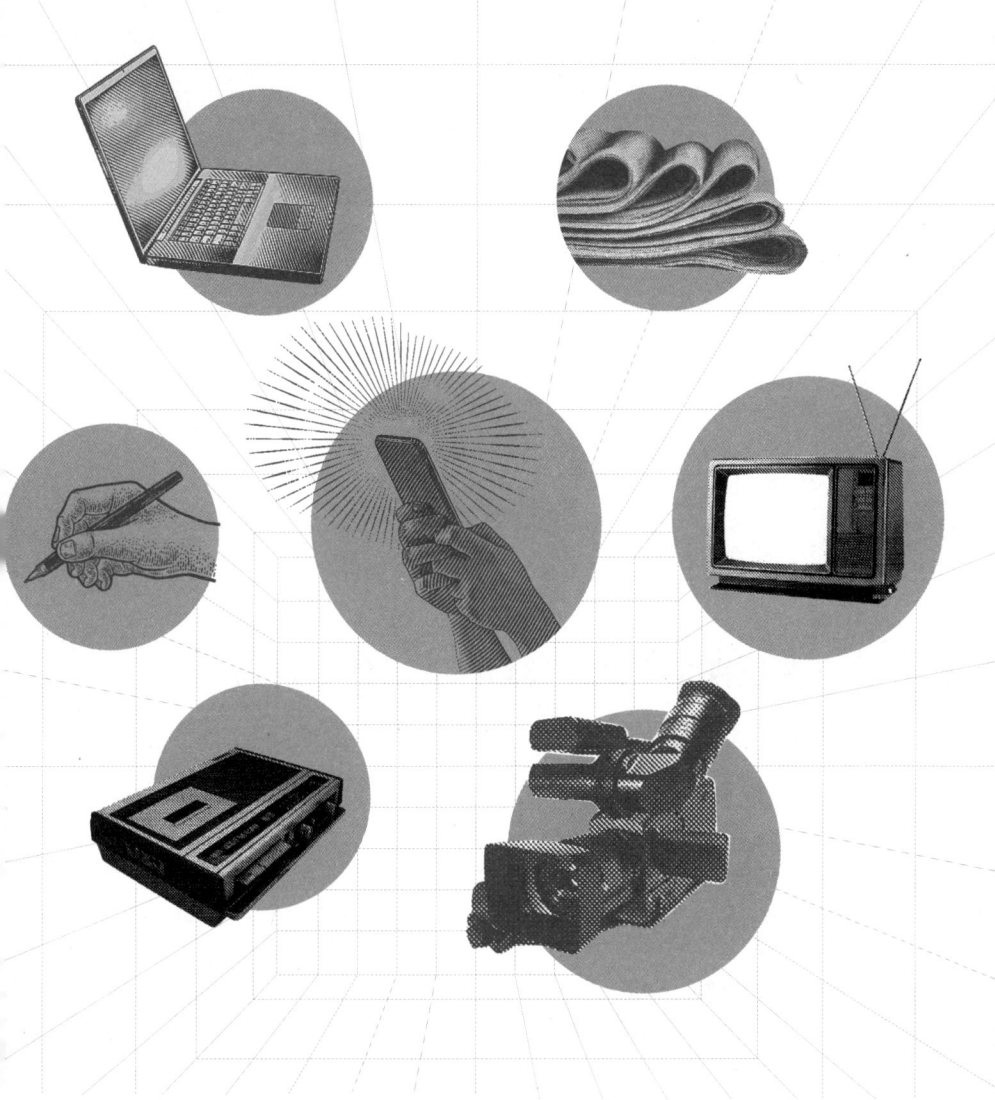

媒介变迁视角下的
江苏新闻人口述史研究
第1辑

庄曦 —— 主编

江苏凤凰文艺出版社
JIANGSU PHOENIX LITERATURE AND
ART PUBLISHING

图书在版编目（CIP）数据

媒介变迁视角下的江苏新闻人口述史研究. 第1辑 /
庄曦主编. —南京：江苏凤凰文艺出版社，2021.12
 ISBN 978-7-5594-1118-1

Ⅰ.①媒… Ⅱ.①庄… Ⅲ.①新闻事业史－史料－江苏 Ⅳ.①G219.275.3

中国版本图书馆CIP数据核字(2021)第265553号

媒介变迁视角下的江苏新闻人口述史研究
第1辑

庄曦 主编

出 版 人	张在健
责任编辑	秦宇阳　白　涵
装帧设计	蒋佳佳
责任印制	刘　巍
出版发行	江苏凤凰文艺出版社
	南京市中央路165号，邮编：210009
网　　址	http://www.jswenyi.com
印　　刷	南京迅驰彩色印刷有限公司
开　　本	880毫米×1230毫米　1/32
印　　张	6.375
字　　数	150千字
版　　次	2021年12月第1版
印　　次	2021年12月第1次印刷
书　　号	ISBN 978-7-5594-1118-1
定　　价	58.00元

江苏凤凰文艺版图书凡印刷、装订错误，可向出版社调换，联系电话025-83280257

前　言

　　作为新闻与传播学院的教书匠,我想每一位老师都面临着这样的问题:我们应培养怎样的媒体人?我们应如何培养未来的媒体人?这是一个瞬息万变的媒介化社会,从前互联网时代到智媒时代的更迭,不过数十年。我们都是见证者。作为新闻教育者、新闻工作者,这些角色比其他社会角色都更接近转型中媒体脉搏的每一次起伏。

　　近些年来,新闻学子在一定程度上呈现出泛就业的现状,不少学子分散到其他与新闻专业关联度较小或不相关的领域[①],部分新闻学子在求职过程中存在广泛的"海投"现象。关于新闻学子职业认知与认同的研究成为了学界比较关注的方向。学者林嵒、孙桂玉在《新闻专业学生专业选择及学习现状》(2008)中通过问卷调查发现,30%的学生为了缓解就业压力,准备考研究生;48%的学生对工作与专业是否对口无要求;只有6%的学生想从事与新闻学相关的专业[②]。陈信凌、张兰(2019)对湖北、安徽和江西3省的武汉大学、中南财经政法大学、安徽大学、安庆大学、南昌大学和南昌工程学院6所高校学生展开研究。结果显示,从

---

① 范玉吉.泛就业时代的新闻教育[J].青年记者,2018(3):76.
② 林嵒,孙桂玉.新闻专业学生专业选择及学习现状[J].新闻大学,2008(06):55-56.

总体情况来看,新闻学子职业认同总体较低[1]。

新闻业后备力量的分流与前几年被热议的媒体人员离职潮似乎形成了某种呼应。2013年央视有三名主持人集中在年初离职,引发了社会上关于新闻人离职现象的关注。之后媒体人离职转型的消息时而传来。这发生在新闻一线与象牙塔中的离散现象,将曾经聚力前行的新闻业多少带入了一种危机话语。而这种危机话语始终与由新技术带来的不确定性相连接。"新媒体革命性的关键在于三个特征:集成(integration)、互动(interactivity)与数字信号(digital code)。"[2]这三个方面都在强烈地影响新闻实践。新闻业危机话语的一头联系着媒体生态变迁下的巨大落差,另一头联系着变动中新闻创新的可能。

新闻创新不仅聚焦于变化,而且指向行动。新闻创新所关注的新观念、新工具、新方法和新文本类型,归根结底都是在行动中生成和采用的。[3] 我们希望通过口述的方式来记录新闻人在过去、当下的探索与实践,以此折射新闻业态转型中的行动力量。在这一辑里,我们有幸采访到了一批坚守在新闻战线上的记者、编辑,他们都是"中国新闻奖"的获得者。50后陈道龙26年不惧艰险求正义,为民发声,努力做促进社会进步的调查报道;周跃敏做记者36年,结缘新闻于偶然,从普通记者成长为专家型媒体领导;70后任松筠站在媒介变迁潮头"瞭望",将传统与技术结合,

---

[1] 陈信凌,张兰.从新闻学子职业认同看新闻教育改革——基于中部3省6校的实证分析[J].新媒体与社会,2019(01):211-228.
[2] 简·梵·迪克,蔡静译.网络社会:新媒体的社会层面[M].清华大学出版社,2014:6.
[3] 王辰瑶.新闻创新研究:概念、路径、使命[J].新闻与传播研究,2020,27(03):37-53+126-127.

做有深度、有高度、有温度、有热度的新闻报道；沈峥嵘将感性与理性串联，因变而变，以好奇心、跨界思维做新闻；王晓映积极转型，不断跨界，做媒介融合路上的"斜杠记者"；赵琳以细腻情感描写新闻，以冷静克制收集采访资料，见证小人物的高光时刻；刘庆传把新闻评论作为自己的终生事业，时时思考、事事思考、大量学习、反复磨炼；翟慎良从新华报人到网络新人，始终坚持跑着写评论，把评论写在大地上；许宵鹏以新媒体的理念做传统的新闻，用故事化的新闻叙事深入受众内心；张宏亮执舆论监督的双刃剑十余年，孜孜探求建设性新闻路径；姜小莉坚信新闻永远是朝阳产业，转型路上化被动为主动；马道军一面是记者，一面是公益人，关注底层声音，心系弱势群体。80 后刘娟作为媒体融合工作的排头兵，在自媒体浪潮中坚守专业记者的价值与优势；贾威以记者身份倾听国家发展"风雨声"，将大爱融于"无情"，守正出新在路上；姜超楠用新闻形式与语态上的创新，打破制作模式的藩篱，感知冷暖、挖掘深度，带着温度贴近新闻。在一线新闻人的传承与实践中，我们看到了对于新闻价值的坚守，对于创新的渐进摸索以及对于新兴新闻业的认知提升。

近期，陶建杰等学者曾针对上海地区的 1430 名新闻传播专业本科生展开研究，结果显示心中有角色模范的新闻学子，更认同自己的专业、更愿意在专业学习上付出努力，具有更严格的业务操守与自我伦理约束。但是受访者中超四分之一的新闻学子心中没有角色模范。[1] 如何通过职业模范的引领作用，来提升专业教育

---

[1] 陶建杰,尹子伊,王凤一.当代中国新闻学子的角色模范影响因素研究——以上海地区为例的考察[J].新闻大学,2021(02):55-70+123.

的效果与意义？基于这样的考量，我们开始了这场未来新闻人与新闻人的对话，这项研究在课堂的讨论中萌发，得到了国家级大学生创新创业训练计划项目"江苏新闻工作者口述史研究"的立项支持。当然更重要的是得到了前述奋战在新闻一线的编辑、记者老师们的支持。我们希望能把新闻业转型中初春萌芽的青草气息，传递于象牙塔内孜孜不倦的新闻学子，传递给新闻业内外的朋友，告诉他们新闻业在一线新闻人的手里，依然彰显着其价值及不可替代性。

参与这场口述史记录与研究的学生包含了2017级至2020级的多位同学，他们有的已经从南京师范大学毕业，正在海内外的高校继续修读新闻传播学硕士；有的已经成功入职，成为单位的新生力量；有的正在课程学习与媒体实践中磨炼青春。但他们在这场对话中的收获却是惊人相似：更深一层地明确了未来新闻人的使命担当。

我想即使单凭这点，这一切也就有了价值。

庄　曦

2021年末　随园

目 录

1　**陈道龙：**
　　为民发声，努力做促进社会进步的调查报道

15　**周跃敏：**
　　新闻这个行当我干了 36 年

29　**沈峥嵘：**
　　一颗好奇心，日日是好日

43　**王晓映：**
　　积极转型的"斜杠记者"

57　**赵琳：**
　　新闻是我的灵感源泉

69　**刘庆传：**
　　敬业，热爱，坚持

83　**翟慎良：**
　　从新华报人到网络新人

| 93 | **许宵鹏:** |
| | 做一个视野开阔的专业化追求者 |

| 107 | **张宏亮:** |
| | 从舆论监督到新媒体,双向互动始终如一 |

| 119 | **姜小莉:** |
| | 新闻业永远是个朝阳产业 |

| 131 | **马道军:** |
| | 新闻就是讲好故事 |

| 145 | **刘娟:** |
| | 紧跟互联网发展趋势 |

| 155 | **任松筠:** |
| | 作为"时代瞭望者"的社会责任感 |

| 167 | **贾威:** |
| | 新闻人应与国家记忆同频共振 |

| 179 | **姜超楠:** |
| | 好内容是新闻创作的核心 |

| 193 | **附录:部分访谈合影** |

(全书篇目以受访人第一次获中国新闻奖时间为序)

陈道龙：

为民发声，努力做促进社会进步的调查报道

陈道龙，从事调查报道工作26年，长期奋战在一线的他一直把做好舆论监督、促进社会发展进步作为自己坚守岗位的初心与动力。独立、合作采写重要舆论监督稿100多篇。

作品《来自一个大型企业的警报》获第6届中国新闻奖三等奖，《十四万考生名单被出卖之后》获第19届中国新闻奖二等奖，《学生午餐费，咋变成老师泡脚盆》获第24届中国新闻奖二等奖，《一纸推广证 几多"生意经"》获第27届中国新闻奖二等奖。2017年获江苏省"好记者讲好故事"演讲选拔赛一等奖，并参加全国"好记者讲好故事"选拔赛，被选拔参加由中宣部和中国记协组织的"好记者讲好故事"国内巡讲。

陈道龙在新华日报社接受项目组的采访　曾靖文 摄

"把重要的问题搞深、搞好、搞扎实,把稿子写好,不让它在自己的职责内出现差错。"

文学青年踏入新闻路

项目组：您当时是如何进入新闻学专业进行学习的？

陈道龙：我是1975年高中毕业。那时候在学校有两个爱好，一个是从小学开始就喜欢无线电，初中时还安装了七管超外差式收音机，另一个是从初中起渐渐对写作产生浓厚兴趣，到高中时对文学的兴趣不断加强。我1977年参加了"文革"结束后的第一届高考，当时填报了中文和历史两个专业，没有填新闻专业，但填了服从分配，就被原来的南京师范学院中文系新闻专业录取了。

中文系的新闻专业比较特殊，前面两年我们分散在同届中文系的4个班里，和中文系的同学一起学习中文课程，到了后两年我们才独立出来，学习以新闻专业为主的课程。大二下时，有个很喜欢新闻采访的同学建议我与他合作采写本校老师如何利用教学之余时间搞科研的报道，他去采访生物专业，我去采访物理专业，之后我们两个合作写了一篇稿件。这篇稿件先是送到学校广播站广播，那位同学又把它投到《南京日报》发表了出来。这是我在校期间与新闻采访产生联系的第一次经历。

后面我又去到《新华日报》镇江记者站和常州记者站实习。在那里的生活就是采访写稿,和记者站的记者老师讨论采访题目,怎么采访写稿,写好初稿后请指导老师指正。两个多月我发表了8篇稿件,实习成绩算不上出色,但是我初步掌握了寻找新闻线索和采访写稿的方法。实习结束后到了暑假时,我偶尔得到新闻线索也会去采访,向报纸和电台投稿。

项目组:您曾经十分热衷于文学创作,但您最终选择了新闻这条职业道路,是因为二者之间有某些共通之处,还是新闻行业有其他的闪光点吸引了您?

陈道龙:我原先对文学兴趣浓厚,对新闻不是很热衷,那时候课文中经常有通讯作品,遇到好的通讯就作为记叙文的范文学习了。到南师之后也是喜欢上文学方面的课程,现代汉语、逻辑这些基础课程也都觉得不错。大量业余时间都花在读文学作品、练习写文学作品上了。我醉心于写诗,还跟中文系的诗社主持人联系火热,积极投稿,还向系黑板报投稿,尤其是开始两年。后来将要毕业工作了,我希望到报社的文学副刊做个编辑。当时还向有关老师提出这个要求。但那时媒体新闻岗位很需要人,我又学了这个专业,就被分配到《新华日报》总编办公室下面的版面组工作,学习做版面编辑。

首先跟老师认真学习版面编辑半年左右,之后就独立工作,一直干了七年多。搞版面有个特点,主要工作是在晚上和夜里。晚上来上班,八点钟后进入紧张工作,一直到签字交版,结束一般要到次日凌晨一点钟左右;有重要会议、活动要到两三点,甚至四五点,然后回家休息。这期间,我就利用业余时间来读文学作品,来搞创作,写了一些诗歌、报告文学、小说、散文之类的,出了一本诗集,发表了十多篇报告文学和小说。

到 1988 年,我版面编辑已干得很熟练,还带了一些新人指导,到外面做一些版面知识和技能的介绍,取得了一些成绩,并且得了奖,评上中级职称。这年 9 月,我听到报社有扶贫的工作任务,就去报名扶贫了。10 月份被派到盐城市阜宁县的一个镇做镇长助理,干了一年。

这一年中,我除了协助他们工作,另外就是了解情况写了一些新闻稿,其中还写了一篇调查报道性质的内参稿。当地群众反映一些个体工商户"骗买骗卖"现象严重,这些人有恃无恐,大家敢怒不敢言,这败坏了当地风气。我去了解、采访,写了个内参,很快那个搞欺骗活动最严重的人就得到了查处。这件事让我觉得写调查性报道对社会进步很有促进作用,比采写一般性的文学作品更有社会价值,更有意义。

回到报社不久,我就被调到了群工处读者来信组,主要从事的工作是阅读读者来信,选择一些来信进行调查，写成调查附记登到报纸上。这样我就变成了一个以采访调查为主要工作，以舆论监督为主要职责的记者。做了这个工作之后，我发现从事新闻工作能帮助群众解决问题，对社会进步有促进作用，在报社写得多了还会受到领导重视和表扬，就这样把兴趣转移到采访调查、新闻报道的主业上面来了。

当时的总编辑刘向东的一次讲话对我很有触动作用。1992年，《雨花》杂志给我出了一期"江苏中青年作家作品小辑"，一共登了我五篇作品，里面有一篇报告文学，一篇纪实小说，三篇短篇小说，再加上一位评论家为我写的一篇评论。总编辑也知道了，他在会议上讲，有人对文学很有热情啊，文学是有瘾的，报社不反对，但是我们更欢迎岗位成才，更欢迎在岗位上做出成绩的人。这也算是对我的一个鼓励与暗示，引发了我的思考，由此对待本职工作更认真了。

到了1995年，在报纸发展需要、自身成绩追求等多种因素促使下，我在采访调查上更加努力。当年6月，南京机床厂两个工程师向报社反映他们企业国有资产严重流失的问题。工厂承包人作风专断，私心严重，加上素质比较低，产生一系列错误决策，使一个全国著名的国有大企业出现了严重亏损，陷入困境，技术人员大量跳槽。

我向领导汇报后，便被派去采访调查。我和一个通讯员一同采访调查了一个星期，写成调查报道《来自一个大型企业的警报》。稿子见报后,报社收到很多来信,有人讲了自己的感想,表示很痛心,还有人建议报纸应该对这个问题开展讨论,要讨论出办法防止这样的问题再发生。

领导看到来信后决定响应读者建议,在报纸上开展讨论。我成为讨论的主持人,负责召开座谈会、编辑、发稿等工作,这段时间非常忙,也得到很大锻炼。讨论进行了两个半月,产生了较大影响,南京市市长也来信称赞报道与讨论十分重要和有意义。

在我们报道之后,《人民日报》、新华社也开展了这方面的报道。国家还下发了一系列的文件,要防止国有资产流失,加强国有企业的改革管理。

最初我还有点担心这个稿子不能见报,但最终不但见报,还被评上全省报纸年度好新闻一等奖,又被推选到全国去评奖,获得中国新闻奖三等奖。原来觉得遥不可及的中国新闻奖,经过自己一系列采访工作,居然得到了,这对我有很大的促进作用。

这次事件引起了我的思考,后来,我就有意识地寻找重要的问题调查采访,把重要的问题搞深、搞好、搞扎实,把稿子写好,不让它在自己的职责内出现差错。以后又有和同事合作与个人独立署名的8篇调查报道得了全省一等奖,3篇调查报道得了中国新闻奖。

因为搞这个工作,写的稿子多了,就不断有各个地方的群众打电话、写信向我反映问题。我觉得群众是遇到困难、有了苦恼才向记者求助的,我要求自己真诚对待每一个反映问题的人。我的线索也多了,有时线索太多我只能做出选择,有的转给了其他记者,但都是认真处理。我可以不断地选择其中重要的问题进行调查,经常都是很紧张很忙碌,就这样,我对调查报道、搞舆论监督起了比较浓厚的兴趣,对文学反而渐渐淡漠了。

26年不惧艰险求正义

项目组:您做调查报道有没有遇到过困难,您是如何克服的?

陈道龙:的确,做调查报道要比做普通报道的困难多不少。首先是有问题有错误的一方是不愿意你调查的,他们甚至要千方百计地阻止你、反对你。这时候你就要想办法调查出事情的真相。

其次是向反映问题的人了解清楚情况。了解清楚指的是不仅要请他谈,而且要他拿出证据。说,谁都有一套,但是没有证据你就不能轻易相信。不能仅信一个人讲的话,要看证据,在有证据的情况下你还需要再核实一番。

对于有问题有错误的一方,对批评对象,他们不愿意讲的真实情况、原因等,你要通过一切可能的途径,想各种各样的办法,获得真相和证据;在了解事实之后,还要向有问题的一方、批评对象核实,可以直接问,也可以旁敲侧击地问。他有时会讲一部分,有时不愿意讲,作为记者,你不能强行要他承认,但你可以把他说的话、他的做法、态度写出来,让读者来判断。总之,要把查出问题真相、获得必要证据作为一个难题来攻克。

实际上做调查记者仅仅有文科知识是不够的,还要加强科学的思辨精神和逻辑推理能力,不能感情用事,在写稿上要格外严谨。

另外,说起遇到困难,就是报道发表后遭到起诉,这也是批评与反批评的一种斗争,记者要正确面对,认真对待。2011 年苏北农民向我投诉,他们种西瓜,被宣传鼓动施用了一种号称能抗重茬、防枯萎病的生物肥,结果种的西瓜还是枯萎了。

我去调查,看到农民种的西瓜枯萎很严重,损失很大,于是发表了报道《600 多亩西瓜为什么藤枯瓜僵》。经销商说报道失实,一再到报社来闹,还将我们告上法庭。报社是第一被告,我是第二被告,要求赔偿 45 万元,还要在报上向他们道歉,为他们恢复名誉。

当时有不少同事,以及部门主任、报社领导,大家都吃不准,甚至有人认为陈道龙这样一来,可能记者都干不成了。我说我调查采访是认真的,是有证据的,我作为一个调查记者,相信法院、法官会公正审判,如果审理不公正,我就会跟他们斗争到底。

我认真配合律师工作,准备答辩状和各种证据,联系农民证人,10 多人都自愿到法院作证。开庭一整天,交锋激烈,最终我们胜利了,对方无条件撤诉。应该说是化一次危机为胜利,我们获得了更好的名声。作为搞调查的记者,你不能怕打官司,只要有证据在手。当然也要认真答辩,做好充分准备,不然打败了官司的确也是很残酷的,省内外都有媒体及记者因报道打官司失败的事情,不仅要承担经济赔偿,媒体与记者的声誉也严重受损。这事还说明,记者调查采访,取得充分的证据、并保留好证据是多么重要!

项目组: 您在报道过程中是否遇到过一些风险?

陈道龙: 这样的事情还是有一些的。2008年记者节,我的同事做记者采访工作回顾,说陈道龙两年中有几次被带进派出所,还把此事写进庆祝记者节的专题报道中。

2007年我去调查黑职介欺骗求职者的事情,跟随一个求职者去暗访。暗访结束出来的时候,我拿出相机拍下了门口的牌子。当时光线比较暗,相机自动闪光了一下。他们发现了,冲出来问我为什么拍照,还要求把相机里的照片删掉。我不肯,就往楼下跑。那个与我一道来的求职者年轻跑得快,我背着包跑在后面,最后我被抓住了。

两个人用力把我往他们办公室里拉,我不肯,结果手指被拉伤,相机被抢走。因为在不久前,有电视台记者也在采访调查黑职介问题中被黑职介人员发现,记者的头被打伤,摄像机被砸掉了。我拼命挪到一个门卫的小亭子里,关紧门,打110报了警。警察来了,把我和黑职介人员一道带到派出所,我单独向警察介绍了情况,警察向他们要回相机还给我,我由此平安地返回报社。

还有一回是我外出调查出示记者证,对方把记者证抢走了。我要拿回来人家不给,最后一夺,只抢下证件外壳,芯子还在人家那里,我只好报警。警察来了解情况后,为我要回了记者证芯子。我回家把它缝好,它又破镜重圆。另外,我曾暗访高利贷、传销等问题,还在夜

访谈中的陈道龙　曾靖文 摄

里进山调查偷采石头的事情,遇到一些涉黑人员,因为我注意事先设计好自己的角色,在现场保持镇静,用适当的方式询问,注意多看、多听,不与对方发生正面冲突,都有惊无险地完成了调查。调查采访是我的工作,里面的风险比起军人上战场、警察跟歹徒搏斗,其实还是小菜一碟,要正确看待。

新媒体环境下的新挑战

项目组: 随着媒体生态的变迁,后真相时代的说法被提了出来,信息鱼龙混杂,您觉得调查报道在新的媒体环境下怎样才能做得更深更好?

陈道龙: 对于网络上的重要的热点事件和问题,记者应当关注。如果怀疑或发现里面有不真实的内容,应当冲在第一线去调查采访,及时写出报道还原真相,让群众有正确的认识。但这仅仅是一部分,我们的社会生活、经济生活中,方方面面存在的问题,有很多不一定能传达到网络变成热点。记者应当从中选择重要的,及时调查采访,写出有深度、有充分事实的报道。当然在选取问题调查时,主要要选对人民生活、社会发展重要的问题进行调查,选取有社会价值的问题调查。

项目组：随着媒体业态的变迁，您作为调查记者是如何进行转型的？

陈道龙：我在转型上做得很不够。虽然我利用新技术还是蛮多的。现在我知道了，如果把一个调查同时做成调查视频，像纪录片一样，通过客户端等手段展示出来，效果更好。我调查采访过程中有很多照片、数据，有真实的场景，甚至还有动态性画面。我很早就用录音笔、摄像机这些工具了。其实把这些东西编辑起来，就是一个很好的类似纪录片的视频。将来有机会我也想往这方面去做。参加范长江奖评选要求提交一段三分钟自我介绍的视频，我请人协助制作了，对视频有了一些认识，很有意思。利用多种手段，媒体才能发展得好。技术的发展是不可抗拒的，只有去学习、适应。

采访人员：韩文婧、龚雨彤、曾靖文、石月、董嫣

周跃敏：

新闻这个行当我干了 36 年

周跃敏,1958年出生,江苏苏州人,高级编辑。原任新华日报社社长、党委书记,新华报业传媒集团董事长,现任江苏省新闻工作者协会主席,江苏省新闻道德委员会主任委员,南京师范大学新闻与传播学院院长。

1982年南京师范大学新闻专业毕业后进入新华日报社任记者。在30多年新闻生涯中,他当过体育记者、科教记者、财经记者、时政记者,有着丰富的新闻实践经验和新闻理论功底。担任报社领导后,他致力于推动新闻队伍思想业务作风建设、重大主题报道创新和媒体融合发展,取得显著成效。

他独立完成的作品7次荣获中国新闻奖,与他人合作或编辑的作品6次获得中国新闻奖。2001年被评为江苏省有突出贡献的中青年专家,2002年获选第5届全国百佳新闻工作者,2007年被确定为全国新闻出版行业领军人才,2008年获得中国新闻界最高荣誉奖第9届长江韬奋奖(韬奋系列),2009年被确定为全国宣传文化系统"四个一批"人才。

周跃敏在访谈中　曾靖文 摄

"我们现在一个正确的路径就是发挥我们自身的优势。不去排斥媒体融合,而要加快媒体融合的步伐。有所为,有所不为,才能更好地有为。"

做记者36年，结缘新闻于偶然

项目组：您是怎么与新闻结缘的呢？

周跃敏：我是恢复高考后南师的第一届本科生，1977级本科生。当初我是随父母下放在苏北盐城东台，于是就在东台农村考上了南师大。当时我是学美术的，文理科都还不错，但更偏重于考文科。恢复高考第一年，南艺没有招生，所以我的第一志愿就报了南师大。因为是刚恢复高考，所以文科专业也很少，选来选去就是中文。我最后填了三所学校，全部是师范类院校，全报了中文，最后录取在了第一志愿南师，那个时候是叫南京师范学院。

也很凑巧，就在那个时候《新华日报》和南师大共同举办第一届新闻班。实际上"文革"以前南师大也有新闻专业，但"文革"期间就停办了，"文革"结束恢复高考以后，又开始恢复了新闻专业的招生。那时候的新闻班没有独立的专业和系科，只是开一个班，于是我就进了南师中文系的新闻班。

所以考这个专业、走上这条路，纯属偶然。因为我那个时候报的纯粹是中文系，高考简章的志愿里面没有新闻专业。毕业以后，我就进了《新华日报》。因为是《新华日报》和南师大共同举办的这个新闻班，所以那个时候我们班上41位同学，有将近一半就分到了《新华日报》，其他分到了全省各个媒体，也有继续考研去北京的，也有出国的。我作为将近一半的同学当中的一个幸运分子，被《新华日报》录用，走上新闻这条路。

在36年从业经历当中，我从来没有想过要跳槽、要转行，或者说要换个单位。我就是一门心思、死心塌地、脚踏实地地干新闻这个行业。所以现在回过头来看我36年的这个经历，我对我的这个选择丝毫没有后悔，这36年非常值得，同时也算是小有一些成绩，不枉我对这个专业的挚爱，不负南师大对我的培养。

项目组：您在步入职场之后发展得还是非常快的，您觉得这跟您大学的个人学习经历有关吗？

周跃敏：恢复高考后的第一届、第二届、第三届，这三届学生是积累了"文革"期间十年的高中毕业生，像我是第一届就考出去了。这三届学生年龄的差距也很大，一个班年龄最大能相差13岁，有的甚至是两代人在一个班上。所以好不容易有了这样一个上大学的机会，大家都十分珍惜这种来之不易的时光。到现在我们那些老教授回想起来，依然对这三届学生给予高度的评价，认为这样的情况今后再也不会出现了——大家对时光的珍惜已经到了无以复加的程度。只要有灯光的地方，就有学生在那读书，包括厕所、走廊、外面的路灯下面。图书馆晚上开放，到熄灯之前要赶学生走，否则大家都不走，回去以后甚至拿着电筒在床上继续看书。学习氛围十分浓。

当时的条件是很艰苦的，英语课教材是南师大英语系老师自编的教材，是临时教材，没有统一教材，而且还是油印机油印的。住宿条件就更差了，八个人一间上下铺，没有空调，也没有电视、电话。尽管条件那么艰苦，尽管教材也不是那么完善，但是大家依然非常珍惜这个机会。

大学四年培养对我后来的成长，确实起到了很好的作用。关键是对一个人价值观的培养，和个人情操、情趣的形成，人的气质是从内在散发出来的。就我个人而言，我在南师大所受的教育对今后自己从业形成的影响，还是比较明显的。南师大最可贵的地方在于它的学风很正，做学问首先要做好人。在做人这方面它言传身教，给每位学生都烙下了一个深深的印记。所以我最大的一个感受就是既学到了知识、学到了本领，更形成了一个正确的三观，学会了做人。我觉得这就是一个最大的收获，也是南师大对我影响最大的一个方面。

项目组：您的作品曾多次获奖，在这些作品的创作中，哪一次经历对您来说印象比较深刻？

周跃敏：我的一个成名作。倒不是说得中国新闻奖的作品，恰恰是更早，在我当体育记者时候的作品。我后来发展相对比较顺利，也跟这篇成名作有关。1983年全运会在上海召开，江苏的成绩还可以，但其实这个"还可以"的背后已经暴露了很多问题，主要是队伍的青黄不接。那个时候，江苏去采访全运会的记者也有很多，全运会结束以后奖牌数一统计，江苏成绩很好。所以大家写的稿子都是千篇一律，就是向家乡人民报喜。

但是实际上整个过程我都采访了。全运会之前，我也到一些运动队去采访，从队伍反映的情况来看，实际上大家都已经意识到这届全运会我们的成绩不会差，但是这届全运会可能是我们近年来最艰难的一次，可能意味着下一次就跟不上了。问题就在于队伍青黄不接，人才跟不上，好多项目已经出现了断档的危险。我觉得这是个问题，有必要在大家高兴庆祝的同时做一个提醒甚至是浇一点冷水，因为危机已经潜伏在那里。我就本着这样的想法写了一篇稿子，标题就是"金牌背后的危机"。

稿子交上去以后，我们的总编辑对此非常重视，觉得这稿子好，讲出了体育界面临的问题还不为大家所重视，读者更不知道，那么作为省委机关报，有必要在这个时候做一些提醒。这篇稿子他基本上没改,只把标题改了两个字,"金牌背后的危机"改成了"金牌背后的问题"。一个是程度,是不是已经真的到了危机的程度,第二个火药味也不能太浓,不能给体育界太大的刺激。"问题"在语气上相对要平和一点,他们能够接受,而且也客观一点,比较中性。我觉得这个改得好,不愧是总编辑改的。

见报以后在体育界尤其在我们江苏体育界,引起了极大的震动。大家没有想到,在为成绩感到高兴、回来要庆功的时候,《新华日报》迎头一盆冷水泼了下来,但提出的问题都是确实存在的。当时的体委主任吴镇非常冷静客观,他把稿子复印了之后发到体委,体育系统内部展开大讨论,设法解决问题。所以这篇稿子的社会影响非常好。也是这篇稿子让主编发现了我,1985年底筹备《扬子晚报》的时候,就把我抽出来作为六人筹备小组一员。

从普通记者成长为专家型媒体领导

项目组:您是从体育记者做起的,后来又做了财经记者,还跑过时政等,您是怎么实现在不同条口的转换的?

周跃敏:我刚进报社就被分配去跑体育,当一个专业的体育记者。当时唯一的理由就是我进报社的时候在整个报社的科教处最年轻,而跑体育相对来说夜班比较多,出差比较多,所以他们希望选一个年轻的男生去跑体育。实际上我对体育也并不是非常喜爱,体育成绩也不怎么样,但我这个人最大的特点就是要么不干,要干就要把它干好,而且力争把它干到最好。所以我做体育记者完全是从零起步,就这样做了八年。在这当中我也是下了比别人更多的功夫,所以我很快在我们报社成为一个比较优秀的记者。后来我又在南京整个媒体行业中成为一个比较优秀的体育记者,再然后我又成为全省体育记者中的佼佼者,乃至在国内的同行中也小有名气。

到了这一步,我觉得我不能继续干体育记者了,我需要换一个岗位从头开始,接受新的挑战。我那时在《扬子晚报》,就主动向领导提出换岗位的意向。当时《扬子晚报》经济部主任跳槽去了广东,而我又有这个换岗位的要求,领导就把我调到了《扬子晚报》经济部当主任。经济对于我来说又是一个全新的领域,而且是去当主任,完全是一种新的挑战。所以我还是从头开始,拿出干体育记者的那种劲头,落实到每一篇稿件、每一次采访上。大家同样去采访,同样第二天拿出稿子,那么每一次我都要写到最好。就这样,我也慢慢做到了南京乃至省内财经报道中的佼佼者。

我每做一件事情,每跑一个条口,就用这样的标准来要求自己——要么不干,要干就干到最好,一步一步往前走。

在一开始我也没有确立拿奖的目标。我只是真正脚踏实地做好当下的每一件事情,积少成多,聚沙成塔。我觉得最有效的一个办法就是每做一件事情都要做到最好,踏踏实实、一步步往前走,很多东西会水到渠成。

项目组: 您是怎么看待自身职业角色的转变的?

周跃敏: 从个人成长的角度来说,我是从普通记者开始干起,到部门的副主任、到主任、到编委、到副总编、到总编、到社长,是从一个普通记者成长起来的新闻单位的领导干部。虽然我一直在新华日报社,但是我在《扬子晚报》也干了16年,应该说是既在党报干过,又在都市类媒体干过。2016年《新华日报》创办了交汇点新闻客户端,我又全程参与《新华日报》的媒体融合,包括之后的中国江苏网、扬眼、紫牛等。对于我们这一代人来说,我们是非常幸运的一代人,见证了《新华日报》从一张报纸逐渐发展壮大,到最后成立全媒体,见证了都市生活类报纸从无到有、从小到大、从弱到强,乃至现在的曲折,经历了从传统媒体到融媒体的发展过程。不单经历,而且参与,做了自己的努力,我们是幸运的。

现在我到了记协之后，就要广泛联系、服务全省的媒体，这当中既包括传统媒体，也包括新媒体，既包括省级媒体，也包括市县媒体。如何在这个平台上继续发挥自身的作用，这对于我来说也是一种全新的考验。

项目组：报社现在是处于转型、媒体融合的一个阶段，在这个阶段里您经历了哪些痛与得？

周跃敏：2014年，进入媒体融合元年。此后《新华日报》就紧紧抓住这样一个机遇，先推出媒体融合实验室进行融合方面的探索。我们把全集团的摄影记者总合起来，成立一个视觉中心，面向集团的各个媒体去分发，包括传统媒体、新媒体。以前各个媒体都有自己的摄影记者，有采访任务时，集团的各个媒体的摄影记者都会跑采访。现在每次采访只需要去一两个摄影记者即可，回来以后他们把资料发到平台上共享，这个就是最简单最基础的融合了。后来在省委省政府的大力支持下，我们加快发展全媒体指挥中心，现在集团内的各个媒体全部在这个系统间运作，记者采访的稿件统一发送到平台上。整个集团一起开编前会，各个媒体都来人，大屏上展示大家共享的线索、信息，然后大家共同策划。之后各个媒体分别去实施，稿件完成之后再统一上传到平台，再开编前会、共享，决定稿件怎么用、哪个媒体用。所以在硬件层面的建设，我们在省级媒体中应该算最好的了。

这个平台除了我们集团内的媒体进行融合以外，对全省媒体我们也是全开放的。我们希望这个平台以后成为全省媒体共享的一个平台，所以现在也在不断发展一些用户，也非常欢迎各级媒体和我们进行共享、融合。

但是从软件的角度来说，我们还是有欠缺。我们缺少技术方面的人才，这也是所有的传统媒体面临的一个共同问题，尤其当我们跟一些专业的软件公司比较，差距就更大了。我们的人才结构主要是偏向传统媒体，多的是办报人才、经营人才、管理人才，但是技术人才尤其是围绕新媒体方面的技术人才，是十分欠缺的。我们就和社会上的一些公司合作，聘请专业公司去做内容产品的开发，以此来解决我们技术相对比较薄弱的问题。

所以，我们现在一个正确的路径就是发挥我们自身的优势。不去排斥媒体融合，而要加快媒体融合的步伐。有所为，有所不为，才能更好地有为。技术确实不是我们的优势，而且基因不一样，考虑问题的角度都不一样，思维方式都不一样。所以通过沟通合作，进行外包，我觉得这是一种方法。

项目组：您如何看待媒体的发展前景呢？

周跃敏：媒体发展前景，现在的确也不大看得透，尤其是在自媒体高度发达的今天。不仅仅是传统媒体遭到挑战，新媒体也一样。自媒体的优点就在于"人人都有麦克风"，它遍布在各个角落，世界上的任何突发事件，都可以通过自媒体在第一时间内得到反映。但是，因为他们信息掌握的渠道不同于传统媒体，他们都是眼睛看到，但眼见未必为实，有图未必为证。所以自媒体上面也是泥沙俱下，好多东西似是而非。

实际上现在，很多受众也都意识到这个问题，如果真的想要知道权威的信息，他们还是会通过主流媒体去了解。传统媒体仍然在内容上、在公信力上、在传播正能量上具有优势。适当对媒体的结构、报业的结构做一些调整，这样生存下来的主流媒体会更好。所以从这一点来讲，我觉得对于传统主流媒体和传统媒体办的新媒体，也没有必要那么悲观，因为到最终大浪淘沙，一时风光无限的媒体经历了一段时间以后，人们对它们可靠性的认识会进一步加深。

传统媒体尤其是报纸，最大的优势在于内容生产。我们应该对这种优势有充分的自信，第一我们有人才，第二有渠道，传统媒体的信息渠道，第三有各种各样的资源、信息优势、品牌优势。很多事情在网络上众说纷纭、莫衷一是的时候,党报站出来讲话基本上就是一锤定音。报纸对新闻事实的洞察、分析能力,是其他任何媒体所不具备的,所以报纸的深度报道也是远超其他媒体。我们应该发挥好自身优势。

采访人员:韩文婧、龚雨彤、石月、曾靖文、董嫣

沈峥嵘：

一颗好奇心，日日是好日

沈峥嵘,女,1996年毕业于南京大学新闻传播学院,现任《新华日报》全媒体科教新闻部主任。历经《新华日报》时政部、城市生活部、科教卫部、全媒体国际传播部等多部门。首届"江苏省名记者",江苏省新闻出版行业领军人才,江苏省新闻宣传文化系统"五个一批"人才,江苏省第四期、第五期"333"人才。通讯《博客不是放纵的天堂》获第17届中国新闻奖二等奖,带领团队完成的《"嗨,你有一个来自江苏的漂流瓶" 一带一路五周年特别报道》获第29届中国新闻奖三等奖等。

沈峥嵘参加《新华日报》创刊70周年庆祝大会　图片由受访者提供

"人要和短板说'你好',如果觉得自己的对面很难,那就主动过去和它打招呼。这样可以补充缺陷、训练思维、形成张力。"

对"短板"说"你好",张力中获成长

项目组: 您当初为什么选择了新闻专业?

沈峥嵘: 我1992年考入南京大学中文系,当时新闻系未挂牌,先进入中文系72人大班,一年半以后再分中文和新闻。我很喜欢中文,第一年就拿了樱松奖学金,但觉得自己性格比较内向,如果我一直读中文,会更加内向,所以选择新闻想让自己外向开朗一些。

我小时候并不爱和陌生人打交道,家里来客人要心中踌躇好久,犹豫要不要去和客人打招呼。但职业真的会改变人的性格,24年来的新闻从业生涯让我人来疯、自来熟,也变成了话痨,当然,工作完毕最爱的还是宅在家里独处。

人要和短板说"你好",如果觉得自己的对面很难,那就主动过去和它打招呼。这样可以补充缺陷、训练思维、形成张力。人生应该是丰富的,如果当时专业分流我选择了中文,我的性格可能会越来越内向,所以我就走出舒适区,去挑战一下,于是就选择了新闻。

项目组：您的工作履历丰富，经过很多部门，这期间有没有遇到什么困难以及得到过什么收获？

沈峥嵘： 1996年，一进报社就分到时政部，跑时政、跑政法条线，挑战性很大。我的个性和思维方式偏感性，一入门就逆着舒适区，困难和成长共生。

时政报道中有严格规则，比如领导规格、会议范式，我每次都把相关材料放在家里一份、报社桌上一份，严格对照，职务名称不能有错。跑法院、检察院、司法部门等，接触大量的法律术语和知识门槛，我就学习，获得成长，延展充实一个人的丰富性。钻进去后发现，理性与感性相通，法律里有人文。恰恰就是在时政部，得了很多奖，比如有一年得了三个省好新闻一等奖，中国新闻奖二等奖，都是和政法有关的。

跑时政十几年，参加全国两会、省两会、党代会、十七大、昆山之路等重点报道，这些经历让我形成了一种思维方式，不管后来到哪个部门，都牢牢地根植内心深处：对社会、对事物，有一个全局观、能够俯瞰，从顶层设计到中间层面再到泥泞的土地，都是相通的、关联的，每一个层面、切面都很重要。

我认为这样对自己的成长还是有好处的，很多人就说，我愿意做我擅长的，比如我念古诗好、做视频好，我只做我擅长的。其实我觉得，如果你一开始就做了一个你不擅长的领域，反而能获得一些成长。我记得那时候跑时政,有个法国的法学家讲,自由是面包圈里的洞,自由有多大,面包的边界有多大,这个洞有多大,你的自由就有多大、你的边界就有多大。他所谓理性的东西当中也有感性的东西。而我恰恰就在时政和政法当中还拿了一个中国新闻奖,就是《博客不是放纵的天堂》,真的钻进去,你就能克服自己身上很多的弱点。

沈峥嵘(右一)在全国两会直播间　图片由受访者提供

后来到科教新闻部当副主任,当时跑医疗卫生,这也是理科行业,对我来说又是逆向的。但钻进去,也学习到了很多,比如在器官移植方面,肺源怎么转运、肺源几个小时有效、如何克服排异等。后来不仅写了一些独家获奖作品,我也成了全国唯一一个参与"器官转运绿色通道"建议起草小组的记者,最终陈静瑜作为全国人大代表提交建议,推动绿色通道从无到有变成现实。

不要怕，越深入，一定会逐渐变成新领域的知情者或者说行家。

以好奇心，跨界思维做新闻

项目组： 2018 年您带领团队完成的《"嗨，你有一个来自江苏的漂流瓶"一带一路五周年特别报道》获得了中国新闻奖，能否具体谈谈其中的创作经历？

沈峥嵘： 我们集团 2017 年底做了一个改革，用全媒体的构架进行重组，比如将外宣处改称全媒体国际传播部，把中江网的英文频道和人员整合过来，以融合方式创新党媒国际传播。

这样以后，我们进行了一次"党媒如何加强新形势下的国际传播能力建设"的调研活动。因为一开始在国际传播中我们讲得比较多的是要柔性传播，加强国际传播当中的故事性，讲好江苏故事，讲好中国故事。但是后来我们也提出要加强互联网思维，有些内容要运用媒体融合的方式去进行国际传播。一方面网络是一种载体，以前假如我有什么事情，可能人需要出去，但是我现在可以不出门了，可以通过网络平台去传播，甚至用脸书、推特、IG 这些海外使用率比较高的社交媒体。但同时，我们也希望在传播上能够多一些出圈现象。我们以前讲媒体融合还是在媒体内部的介质当中去玩,那怎样构成跨媒体叙事,打破原有媒体的传播方式,比如说新闻加游戏,新闻加科技、加艺术等,在一些交汇点、融合上面打开维度,我也做了一些尝试。

2018年,正值"一带一路"倡议五周年,集团决定在这个特殊节点推出重大策划报道。当时我是国际传播部主任,七月上旬一个周六,在家突然接到社长电话说要赶紧策划,十月就要正式推出。这时再办签证出国采访肯定来不及,所以需要转换思路。当时我就在想,如果记者出不去,那我们得有个载体出去。于是我想到小时候经常玩的漂流瓶,它代表着一种网络上可以流转的载体,它本身也充满了祝福、寄托、连接与希望。同时,想做"新闻+游戏"的创新尝试。

最初并不知道该如何进行,很忐忑地把这个奇怪的创意告诉报社领导,都觉得可能会被否定,但没想到,得到的回复竟然是:"脑洞大、非常有创意,好好做!"一步一步的,我们就把不可能变成了可能。"一带一路"作为新闻内容,还是要采写,我们要把握住它"互联互通""共建共享"的内核,派记者线上线下采写,进行新闻内容的生产,同时改变了原来的传播方式,将漂流瓶设计为线上和线下两条路径的传播。线下传递从苏州和连云港两路出发,跟着中欧班列走出国门。在线上,我们则设计了一个"江苏 Drifter"的微信小程序,以游戏的方式让大家来参与,传递虚拟漂流瓶。线上线下的传播中产生了互动,形成了双向传播。

这个项目实现的难度比较大,但是我们在有限的时间内完成了,并且各方面的反响很不错,也实现了新华报业集团在中国新闻奖国际传播这个类别中的零的突破。而那一年,我们另外一个融媒体产品《改革开放四十年 海外友人看江苏》也得到江苏对外宣传工作创新奖。国际传播部的小伙伴非常棒!我做漂流瓶间隙还出了个差,在顾总带队下和同事程长春采写王继才人物通讯得到江苏新闻奖。2018年非常神奇。

项目组:您在跨界方面做了很多探索,能谈谈您创办的"未来空间"工作室吗?

沈峥嵘:去年我到了科教新闻部,一直琢磨"传媒+"。集团去年提出体制创新,我们部门申报了"未来空间"工作室,申报后经过几轮内外评审获批。今年因为疫情的影响,推迟到3月份我们正式挂牌成立。我希望"未来空间"能加速形成新华新的特色IP,传播上加强跨媒体叙事,这也是想顺着漂流瓶的尝试再往下走得更深入一点,做一些跨界的事情,目前正在进行一个新的计划,暂时保密。

工作和生活结合，挑战与机遇并存

项目组： 您觉得专业记者在自媒体浪潮中有怎样的自身价值？

沈峥嵘： 那还是要说到专业性。专业性，是不断迭代的专业性，过去传统媒体的内核你要有，新媒体的技术你要去学习掌握。你会发现新媒体做得好的一部分人，大多是"90"后、"00"后，是与互联网时代共同成长起来的，天生具有网感，非常厉害，他们创业涉足各个领域。我觉得这部分就是所谓的后浪了，他们天生就是互联网的宠儿。但是也有一部分人在传统媒体当中，内容生产做得很棒，而且他们可能本身对新媒体有一种天赋，一旦嫁接上去，他们的创作也会很有内涵和爆发力。我觉得两种类型都很好，一些天生有网感的年轻人，加上后天培养丰富的思想，加上天生的一种敏感，会做得更棒。那传统媒体的人，如果本身有这种特质，因为有的人可能本来就喜欢这些技术，可以很快融会贯通，进行运用，可以超越他的职业，超越他的年龄，超越他的时代，也能够在新媒体上玩得转。我觉得这两类人都是可以将新媒体做得非常出色的。

项目组：有人认为新媒体给传统媒体造成致命性打击，您怎么看？

沈峥嵘：我很喜欢那句话："日日是好日。"有部日本电影就叫这个。实际上这里面就有一种人生观，或者是一种理解世事的心态。境由心生，一念之差，境遇两重。2014年开启媒体融合，传统媒体的地位断崖式下滑，资本对整个传媒行业和传媒人的挑战与冲击是很大的，但危中有机，危机中有新机、变局中一定会有新局。

从传播的有效度上讲，过去党报记者可能处在一种自我良好的感觉当中。以前竞争对手永远是党媒，这仍然是一种囿于圈内的竞争，并没有到市场上去竞争。但如果你现在去和商业媒体、B站、腾讯等竞争，那是不是打开了大门？我觉得这种挑战是好事，互联网上的人才太多，竞争对手越来越强大，这样你自己也必须更加强大。

喜欢"物来顺应，未来不迎，当时不杂，既过不恋"这句话，但可以改一个字"未来可迎"。现在的媒体融合对于当今的传媒人来说也是一次新的机遇，过去没有技术加持，文字记者想不到用视频的方式来进行可视化的传播。有了技术之后，以前不可想象的东西被赋能了。换一个视角去看媒体转型，去做更多探索，虽然感到每天都在逆风而行、十分困难,但是突破自己的舒适区,你可能也会成长。至少,可以和女儿交流时不至于太被鄙视,至少能衰老得慢一点。

项目组: 您如何把握新闻的理性与感性?

沈峥嵘: 就比如说我写王继才,王继才是个老典型,很多人很多人写。我们那个时候写得仓促,王继才又去世了,挺难的。但实际上后来大家为什么觉得我这个通讯好,就是因为他有一个苦楝树的意象。在人物通讯当中,建立一个意象,这属于典型的。那篇文章我一共写了两稿,两个晚上。第一稿写的,大家觉得正常,反正正常发挥也不会太差,但是都觉得还没有写到最好。后来就想到苦楝树这个意象,然后我就会写了,我就又写了第二稿。当时我是没心思写这个的,漂流瓶正在如火如荼地做着,就准备把它送出国门,但是遇到了困难。突然接到王继才去世的消息,要我上岛写王继才,当天下午就走。我记得当时连夜出去的时候,在中巴上,我就跟顾总开始讲,这个漂流瓶应该怎么出去。结果,坐在我前面的刘庆传,他跟我们一起去写评论的,他就听到了,听到我吐槽漂流瓶出不去的情况。他听我讲完就跟我说可能有认识的人可以帮着解决,然后我就一把抓住他,我说你可以明天不陪我上岛,但你必须帮我把这个事情解决。他后来回去以后真帮我解决了。

就是你说如果我不开个小差,当时弄漂流瓶,又跑到岛上写王继才,我不吐槽,刘庆传不会帮我改。就是每一步都算数,人生不可能变成可能,很有意思。最后就是所有的机缘巧合都在一起促成了这个事情。

在感性当中,应该如何与理性交织?比如漂流瓶它是感性的,它是有想象力的一种创意,但是它有没有理性?它里面有逻辑链条的,所以整个过程不会乱,怎么往下漂,还有知识点,这些逻辑,是形成一条线的。还有两路出去以后怎样形成闭环,闭环很重要,传播要有一个闭环,线上线下的漂流瓶,最后你还能传回去,也要形成一个闭环。另外一点,这个形式是创意游戏,我最后要达到什么目的,我要寓教于乐,要让老外去知道一带一路的知识。我的感性和理性,包括我在几个方面的采写,怎么样扣住主旨,形散而神不散,这是很清晰的。包括《荒岛上,苦楝树开出大美的花——追记全国"时代楷模"、灌云县开山岛民兵哨所原所长王继才》这个通讯,我也有逻辑链条的。岛是有颜色的,岛是有什么什么的,我是串起来的。包括我们以前写的人物,包括《博客不是放纵的天堂》。我有通讯,同时我还加了一个评论,我有理性的东西。其实我觉得感性和理性永远是交织在一起的。我们在转型当中也是这样。

项目组：2009年，《新华日报》举办过您的人物通讯作品研讨会，2007年开设"峥嵘记录"人物专栏，10年过去了，您又迷上了新媒体项目，传统媒体人应当如何更好地适应新媒体环境？

沈峥嵘：我认为变化是永恒的，要因变而变，主动地去调试。写人，是我最舒服的状态，因为这最接近我的感性思维，但是人物写作里也有看不见的理性逻辑，就像新媒体视频里的叙述也有逻辑链条。新媒体形势下如何进行人物报道创新也需要因变而变。

另外，工作和生活没有壁垒，应该打通，每一步都算数，即便是玩也是营养。比如"漂流瓶"作品中很多和平时的积累有关。我每年都到南艺去看它的毕业展，大概坚持了五六年。漂流瓶最终截留下的数据流量的"锦鲤"图谱，灵感就是来自我在南艺毕业设计展上看到的一个作品。

把平时玩的东西用到工作上。如果想跨界发展媒体平台，那么你一定要是丰富的，并不是说传统媒体生硬加上网络就跨界了。文科的东西是润物细无声的一种积累，当你的触角打开以后，这些就能变成你工作的一部分，这样你的工作也更有趣。而且如果你永远充满着好奇心去做一件事情，你就会拥有足够的动力。

新媒体时代，技术加持使得我们的转型更有想象力的魅力，最本真的想象力不能被磨灭掉。我现在做这些

沈峥嵘（右）与外国友人　图片由受访者提供

项目，每天都为其中的想象力感到开心。很多人说，现在传播由于技术变得冷冰冰的，或者我们为了创新而创新，它不像以前我们用最笨的方法写的稿子那样充满魅力，有最本真的人文的东西在里面。其实不然，如果我们有充满想象力的创意，加上技术加持，使真实的东西更加有温度，同时还有一种美感、炫酷的技术感、参与度和新的共情，可以让媒介与社会有更多新的连接，我觉得这个是我将来这几年想要达到的一个目标。

采访人员：龚雨彤、石月、韩文婧、曾靖文

王晓映：
积极转型的"斜杠记者"

王晓映，女，江苏南通人，华中科技大学新闻系毕业。先后在《新华日报》出版部、时政部、文化部工作，现为全媒体社会新闻部主任。从业二十多年来，一直坚守在新闻采编一线。曾获中国新闻奖、全国百佳优秀新闻工作者等。曾在《新华日报》开设专栏"晓映名人坊"，创办的昆虫记戏曲工作室，是新华报业传媒集团首批融媒体工作室。跨界出版多部作品，其中《说戏》荣获2018中国好书。

王晓映　图片由受访者提供

"仅仅一年,我们在不变的记者、编辑身份之外,变成了群主、活动策划人、主持人、导演、制片人,甚至开始介入演出组织,还将向原创剧目制作人发展。"

4年版面编辑后的记者路

项目组：您是如何与新闻结缘的呢？

王晓映：结缘其实很简单。我高中时看了一些著名记者的传记，包括斯诺的、法拉奇的等。这些传记给我留下了深刻印象，再加上影视剧中记者的形象，让我觉得记者这个职业挺酷的，很潇洒。于是在高考填报志愿时，我报了很多院校的新闻系。最后我考上了华中科技大学的新闻系，毕业后就到了新闻媒体工作。

我一进入《新华日报》，就被分去做夜班编辑，并没有做到记者。我没有机会去采访，这与我理想的落差是非常大的。从我高中填志愿到我大学时接受的所有训练，这一切的职业准备都是为了当记者，而我一毕业并没有当上记者。对于一个刚入行的新闻人来说，是没有机会接触到文艺作品中描绘的风云事件的，你需要从非常琐碎的事情做起。每天做着手工排版的工作，拿着一张和报纸一样大的版样纸和一把铁尺，在报纸上划区域来排版。

在做了4年版面编辑之后，我才得以有机会去做记者。当时我最怕做的就是时政方面的记者,因为我觉得时政条线的挑战性太大,应该不是我擅长的。但是当我一转到记者,我就被分配到了政法部,当了最"硬"的时政记者。我的很多同事一毕业就进入了自己非常理想的岗位,而我大概在工作的前六七年都是很失望的。

但是回过头来想想,如果你有足够的能力,所有的困难对你来讲都是一份积累。当你越过这所有的困难,那么所有的积累会成为今后成长前进的一个养分。我想,对于现在的大学生来说,可能也会一样。当你刚进入一个媒体,未必就会有一个符合你理想愿景的岗位在等着你。

项目组: 您的作品《南京汉中路煤气爆炸事件第一时间通报境内外记者》曾获中国新闻奖,您能分享一下这篇作品的创作经历吗?

王晓映: 它是一个非常典型、非常标准的消息体,是我把同一天发生的两件事情串在一起写了,得益于平常的积累,一个是我碰巧都有参与这两件事情,还有一个是源于我对这两件事情的性质有一定深度的认识,我才会把两件事情串在一起写。

这篇就是我在做时政记者时写的稿子。当时是在筹办奥运会的背景之下,国务院新闻办邀请了一批境内外的记者,到江苏采访政务公开和反腐倡廉。我本来是跟着政务公开的这个采访的,如果从新闻角度来写这次采访,就大概只能写一个简单的消息。可是就在这个政务公开的采访组在南京采访期间,汉中路发生了煤气爆炸事件,而且那个十字路口整体塌陷了。

当时我在政务公开采访的现场,我听说了爆炸事件后就特别想过去。我当时还是跑交通的记者,一般发生爆炸事件后交通会受影响,这与我的分工有关。于是我迅速权衡,政务公开的采访还有好几天,但是爆炸事件是突发性的,它是不等人的。况且两边离得不是特别远,我就立刻打的从政务公开的采访现场去到爆炸的现场。

到了爆炸现场,我到处打听也并没有获得特别多有效的信息。但是突然问到一个消息,说南京市政府就在爆炸现场附近的酒店里,临时找了一个会议室,正在通报这个突发事件的最新情况。我一听,如获至宝,马上赶到开新闻发布会的那个地方去,结果发现本来在政务公开采访现场的一部分境外媒体也过来了。

我当时就觉得,政务公开和煤气爆炸事件这两件事情有一个非常好的结合点。南京市政府能够在煤气爆炸后,迅速对社会、对媒体发布这个事件的处理情况,这不正好是一个鲜活的政务公开的案例吗?单独报道政务公开,或者单独报道煤气爆炸事件,它们都是一个常规的平淡无奇的报道。而当这两件事情结合到一起，就会使一个时政报道拥有不一样的内涵和不一样的高度。

两会，职业生涯中深刻的烙印

项目组：能谈谈您作为时政记者采访两会的一些心得吗？

王晓映：有一些经验吧。全国两会我大概采访了十几年，江苏省的两会就更多了。一般来说，报社会对派去两会的记者进行选择，这样的记者是业务过硬的，具备承担急难险重的采访任务的能力。两会的节奏非常快，容不得你花很多时间磨稿子。

两会是一个最大的信息集散地，而且是权威信息的集散地。全国各地、各界的高层人士，官员、企业家，所有你想找的人都在这个地方。你需要在最短的时间内做出及时判断，要能够抓住一些稍纵即逝的机会。

同时，两会也是中国一个规模最大、层级最高的会议。每一个媒体都会围绕两会做策划、做选题。媒体对两会的策划，其实可能是一个只有业内人士才能感觉到的事情，圈外人士以为记者只是在会上抓到了很多东西。但是策划是非常重要的一部分，记者需要思考本次大会的主题是什么、今年的重点工作是什么、过去一年的主要的成绩是什么，等等。每一个媒体都会做判断、做规划，拿出一整套策划方案。

作为记者,你既要有很多重大的策划、重大的选题,又要同时在会上捕捉各种稍纵即逝的新闻,所以整个两会的强度是非常高的。

去两会之前,记者要做足够多的功课。功课要细到什么程度呢？比方说你在部长通道上,那你必须认识这个刚刚过去的人是什么人。我们会把所有的部长,甚至想要找到的所有人的头像都打印在 A4 纸上,然后部长过的时候,一个个地对照。因为你不可能认识这么多人,你搞不清楚来了一个人是谁,就是要细到这个程度。当然后来部长通道的管理就比较规范了,全国人大新闻局会主动把部长请过来,不需要记者像没头苍蝇一样地去拦。

项目组： 您跑了十多年的全国两会，这期间媒体形态不断更迭。 在您经历了这么久的两会的采访当中，有没有印象深刻的转型体验？

王晓映： 进入新媒体时代之后,媒体对两会的策划方案就不仅仅是报纸的方案,还有新媒体产品的策划。新媒体产品的策划是一个全方位的发展的方案,根据两会的实际情况不断地进行调整。

在我采访全国两会的 12 年时光里,感受到最深刻的变化就是自身角色的转变。这 12 年的后半部分,刚好是媒体变革剧烈、行业深刻转型的年代。以前只需要专心致志把文字稿写好,磨一磨,第二天见报。现在这样的模式早已被打破。

最先是开始要给微博供稿,比如新闻发布会进行中,微博要同步直播。习惯了整篇缜密思维的文字记者,要换一个碎片化思维系统。除了写文,记者还要拍照。简单的、画面要求不是那么高的现场照片、微视频,文字记者就用手机拍摄完成。如今我们对于用 Wi-Fi、4G 流量发图片视频早已习惯,但是在 2013 至 2014 年间,手机智能程度不够、内存不够、流量不够、环境不支撑等等都是常见问题。

文字记者的我,变成移动端图文直播记者、变成视频访谈主持人。曾经的转型,渐渐都变成了常规。

王晓映在全国两会直播间　图片由受访者提供

"我还是挺斜杠的"

项目组：您在全媒体部门工作，您怎么看待身边的转型？

王晓映：可以说我们这批人是媒体转型的亲历者、见证者、实践者、探索者，甚至是牺牲者。

我记得 2013、2014 年的时候，各种新媒体、新平台迅猛发展，传统报业跌到了低谷，整个行业一片悲歌。当时我们的老总说了一句话：不转型肯定死，转型是可能死。但是我们选择后者，选择转型。2014 年之后，其实传统报业的景气度是慢慢在回升的，到现在已经积累了一定的经验，但是最佳方案可能还没有出来。

而我为什么说是牺牲者呢？大家也知道，在转型过程中有很多纸媒关掉了，那么关掉的就是牺牲者。即便在没有关掉的媒体当中，也有很多的记者不适应。这些记者中有的就靠边站了，或者是自己在经历着落伍、淘汰这种被边缘化的过程。而新人也不断地进入媒体行业，他们经历的是不一样的职业训练，媒体人的面貌、技术手段等都发生了巨大的变化。

媒体转型，是伴随着技术发展进行的，是被技术革命推动的。数字技术迭代的速度太快了。所以媒体转型可能是一直都在路上，它会变成一个常态化的东西。

项目组：您觉得自己转型了吗？

王晓映：我想在很长一段时间内，转型可能会始终是进行时。我觉得我的转型蛮典型，转型意识也比较早。《新华日报》曾经给我开过一个专栏，叫"晓映名人坊"，是一个人物访谈的专栏。新媒体开始出现的时候，我就做了一件跨界的事情。我这个文字记者，联合我们集团旗下中国江苏网的视频团队，去拍了人物的专题片。当时这个合作很有意思，但只做了一期就没法做了。因为集团内部没有办法考核，报社对视频制作尚无激励模式，中江网对与报纸合作视频也不知从何考核，因此合作难以再续。这大概是《新华日报》的文字记者里，第一个去做其他传播媒介的一个案例。

2015年，新华报业传媒集团建立了融合创新实验区，从考核体系上彻底打通了集团内部各家媒体之间的壁垒。在媒体转型的这个大环境下，交汇点客户端上线，那么平台上海量的信息由谁来提供？《新华日报》就请集团内部所有人自主申报频道，报社来考核。如果考核通过了，报社就给你一个频道。其实相当于给你一个平台，那么你就可以跨部门组合，来做这个频道。我从自身兴趣、资源优势、维护能力、受众市场等多角度考虑之后，申报了"昆虫记"专栏。仅仅一年，我们在不变的记者、编辑身份之外，变成了群主、活动策划人、主持人、导演、制片人，甚至开始介入演出组织，还将向原创剧目制作人发展。这个小团队仅4人，2名核心成员为新华报业传媒集团员工，均为兼职。兴趣是最好的老师，在全新的工作之中，我们遇到太多的新技术、新事物，兴趣激发出最大的学习能力，了解、掌握新生事物成为乐趣与享受，比如，出于工作需要，我们团队的两个小伙伴竟然考到了演出经纪人证。

王晓映（右一）主持公共美学讲堂，对话艺术家何家英、高云
图片由受访者提供

"昆虫记"一直到现在已经四五年了，是我们新华报业集团12个融媒体工作室之一，是唯一的戏曲工作室，成为垂直传播的一个品牌。当时在整个《新华日报》编辑部，以个人的身份去申报交汇点频道的，我是唯一一个。当初和我一批自主申报的频道中，很多都被淘汰掉了，而"昆虫记"一直存活到现在。可以说我还是挺斜杠的，我当时是时政部的副主任，我跨界做了一个戏曲的工作室，一个戏曲频道。而且"昆虫记"做得也非常跨

界,包括各种线下活动的创意、策划、做视频、拍片子、出书等,也是各种斜杠。

项目组: 在媒介转型的过程中始终存在着一种危机话语,对此您怎么看?

王晓映: 新闻的危机是有的,但是我觉得危和机是并存的。那危在什么地方?过去的新闻,我们非常讲究专业的门槛。那么到了新媒体时代,每一个人都有麦克风,每一个人都可以把自己变成一个媒体。其实也是一个众媒时代、自媒体时代,众人皆媒、万物皆媒,专业性似乎是靠边站了。如果你去关注,你会注意到经常有关于专业性的质疑。其中一种就是假新闻,编造的、失真的信息。另外一种就是介于灰色地带的洗稿。

那么我觉得这些东西就使得传播的专业门槛、专业底线都失守了。我在疫情期间对这个特别有感受。我经常跟别人说,提醒他们看信源,看看这个平台是什么,如果你转发这个消息,你要看看这个是自媒体还是权威媒体发的,或者从头到尾有没有信源。

现在媒体已经深度渗透到了每一个人的生活,我们每个人接收到的信息其实都未必是信息的原生态。我们接收到的信息都是媒体化信息,都是被传播者加工和过滤后的信息。所以我经常说,人在这个媒体社会里应该增加媒体素养,对新闻有一个基本的判断。如果所有的人都能够被假新闻所蒙蔽,假新闻泛滥到这个程度,那当然是新闻业的危机了。

当人们饱受假新闻之苦、虚假报道之苦、混淆视听之苦之后,其实对专业的需求会变得更加强烈,新闻的专业性、新闻的价值就出来了。传播分层了,这就是新闻专业者的机会。不管是从受众的角度,还是从传播者的角度来说,内容依旧为王。这个时候,也许中下层碎片化的、面广量大的信息,已经被门槛不高的传播平台给占据了。而在整个传播的格局当中,专业新闻的价值可能主要在于中高端的信息传播。我想这也是新闻的含金量所在,是传播价值最大化的体现。

采访人员:韩文婧、石月、龚雨彤、曾靖文

赵琳：
新闻是我的灵感源泉

赵琳，女，1979年生，现任江苏广播电视总台融媒体新闻中心公共新闻频道副总监。有丰富的一线经历，做过记者、责编、制片人、总制片人、新闻主编、主任助理等。

主创过《黄金时间》《游遍江苏》《通天下》《看头条》等新闻栏目，担任过《新闻夜宴》总制片人。主创的《你所不知道的中国（第三季）》《油菜花开》《我是志愿者》《直击雾霾》等节目多次斩获中国新闻奖、江苏新闻奖、纪录片对外传播奖等相关奖项。2002年毕业于南京师范大学新闻与传播学院广播电视新闻系本科，硕士在读。

赵琳在访谈中　曾靖文 摄

"当我们面对一个需要生产的内容时,首先判断的是它有没有新闻价值,然后才要去考虑它会不会产生更多的,通过表达方式、通过我们各种技术手段,来实现的流量和一些附加值。"

你所不知道的新闻奖

项目组：您获得过多次中国新闻奖，您在创作相关获奖作品的过程中，有哪些印象深刻的经历？

赵　琳：在这些项目里，你没有办法去单打独斗，没有办法一个人去做一个作品然后获奖，你是一个团队，这是很重要的。

作为一名主创人员，做《你所不知道的中国（第三季）》的过程让我印象比较深刻。第三季与前两季不同，它属于一个外宣产品，我们想让西方社会的观众能够了解中国，于是我们邀请来自西方的团队一起制作。

尽管两国的语言文化是不同的，但其实两国制片人或者讲故事的内容是一样的，你首先要找到不同国家的观众所能够产生共鸣的点。如果你的故事是给老外看的，那么你一定要知道他现在知道什么，他的文化地图上有什么，然后再去慢慢地扩展他没有发现的东西。

所以对于你制作标题，写文章，甚至你的要点，都在于你的传播对象是谁，你想要靠近什么，我觉得这一点是拍摄这种中外合作节目的过程中给我的启发。

项目组：在片子的制作过程中有什么有趣的故事？

赵　琳：当时西方人对中国的汉字很感兴趣，他们的制片人提出要对汉字进行拍摄，还给我们提供了一个思路。但是他们的想法与我们的价值观相差很大，他们认为中国汉字太复杂了，学起来太难，而且要用拼音才能打字、输入在电脑上，所以觉得汉字离消亡不远了。我们肯定是不认同这种想法的，我们就从甲骨文来讲我们的汉字是怎样的博大精深，但是他们听不懂，想法也没有改变。可能从西方社会老百姓接触的角度来看，汉字真的就处在这个层次。那么我们该怎么去拍这个故事呢，首先我们到了河南，找了一所小学，让外国主持人到小学书法的课堂里，看看老师是怎么教书法课的，让他们明白汉字是一种非常形象的图像记忆。之后带他们去汉字博物馆，让他们充分理解我们的文化底蕴，慢慢地给他们传递我们的价值观。我们还找了一个专门研究汉字的老外，让他用英文来给西方观众传达自己的研究内容。

像这样的冲突还有很多，我们会在制作的过程中发现，我们所设想的和他们所想的差别很大。中国的故事怎样变成世界故事，这个很大程度上不在于我们讲故事的方式，而在于我们到底讲什么故事。

赵琳在访谈中　曾靖文 摄

项目组：《你所不知道的中国（第三季）》从前期准备到拍摄播出一共花费了多少时间？

赵　琳：一年时间。我们的前期策划时间很长，大概经历了三个月。在这个合作过程中就发现西方团队有跟我们很不一样的地方。首先他们会制定一个非常详细的制度表和计划表，因为他们特别经济化，会根据时段聘请制作人并付费。同时他们对整个拍摄流程的管控也非常严格。正因为如此，他们的制作水准是非常均匀的。他们可以在同一个拍摄环境里换无数个摄像、制片，但他们的水平都是一样的。他们的制作过程是去人性化的，不能够说是一门艺术，就算你做的是一个艺术，但是你在做的过程中一定是一个流水线的产品，他们这一点很明显。

一种"残酷"的创作

项目组：很多新闻、传媒专业的学生，毕业后并没有选择在媒体就业。也有很多媒体人在工作后选择了跳槽。那么您十几年来一直坚持新闻工作的原因是什么呢？

赵 琳：坚持做新闻，我在学校里就是这么认为的。我觉得一个人的创作是会枯竭的，创意也会枯竭的，尤其是偏艺术类的人，他需要很多新的东西来刺激。但做新闻，新闻是不会枯竭的，新闻是可以不断地给我源泉的。你需要变换的是你的手段方式。只要你能拥抱新的技术，然后用新的方式去做新闻，那么你就会有源源不断的选题去做，这便是我的初衷。

项目组：您还记得第一次采访的经历吗？

赵 琳：我入职的时候参加了一个招聘，是当时江苏电视台的王牌节目叫作《大写真》。它就像当年《焦点访谈》一样，是一个舆论监督类的节目，而且这个专题做一档节目至少要 15 分钟。但是我那时候连一分钟的片子都没做过，也不知道自己的能力怎么样，压力非常大。当时部门采取的是末位淘汰制，办公室里有一个黑板，上面写的就是每个月谁出了多少条片子。你就看见老记者做十几分钟的专题,一个月至少两三条。但是我在办公室里坐了一个月,还是找不到一个可以做到十分钟以上的选题,就是连别人拒绝我的机会都没有。

后来我定下来一个选题,要去做黑中介。暑期里大学生会遭遇很多黑中介,这些黑中介可能会让大学生从事一些非法的职业。定下来之后,我就申请了一个业务能力比较强的摄像记者跟我一块儿去暗访。可能对于一个老记者来讲,去一两家职业介绍所,所有的线索就都抓住了,但是我去了大概五六家,拍了有一个月,最后虽然有很多素材,但是很多都不成型,抓不到重点。你会发现你虽然是暗访,可你也套不出别人的话来,你找不到这样被骗的例子。这样持续了将近一个月的时间,后来摄像记者都问我:"你这条片子还能做出来吗?"

最后终于在一个半月的时候把它做出来了。做出来之后,就有一个职介所的负责人认为我们对他进行了暗访,并没有完整地反映事实,他到台里来找我、找领导理论。接下去的一个月,我就处在躲避状态,怕他把我抓起来。当时我就觉得人生很崩溃,我好不容易做出来的第一条片子,还让领导顶了个大锅。

但其实他(职介所负责人)也理论不出什么来,因为我的片子、采访都很正常,没有对他进行抹黑。他并没有在相关机构注册,这也确实是一个非法的机构。可能我在某些具体细节上的呈现有些不完整,但基本事实是准确的。后来是制片人帮我去跟对方说,因为他有很多的专业知识,包括法律相关知识,他来帮我挡住这样的一个危机,人生的第一个危机。

项目组: 您在迄今为止的职业生涯中,有没有经历过比较重要的时刻?

赵 琳: 一个就是汶川地震去现场,然后应该是北京奥运会专访一些奥运冠军,这些是比较重大的事件。还有其他更多的时候,是做一些小人物的故事,去见证他们人生中的重要时刻。就像我们做的节目《和你在一起》,一个踢足球的小姑娘,家里非常贫困,她妈妈也因为要去打工,从来没有看过她的一场足球比赛。但我们的记者在拍摄中完整地看完了一场足球比赛。这个女孩儿后来就说:"哦,记者姐姐,你是第一个见证我进行足球比赛的人。"那么对于这个记者来讲,我见证了这个人一生中最重要的一个时刻,这一定是她的高光时刻。所以我觉得更多的普通的记者,不在于追求采访到什么样的名人、去什么样重要的现场,而在于你能够在最基层的现场中挖掘这个人、这个事件的高光时刻,这点很重要。

项目组：您怎么评价自己作品的风格？

赵 琳：大家会评价我比较细腻，有时候别人看完我做的东西之后就哭了，但是我不会哭。我觉得我在现场采访时会比较残忍，比较有距离，我一定不会参与到你的故事中。你要客观地记录，如果太感情用事，就无法表达真实状况然后让它完全呈现，观众没有被打动的话，你这个故事就是不成功的。你在现场一定是克制的、有距离的、超脱的。要么就是换位思考的，要么就是冷静的观察者。你要把它内容挖掘出来，那么你才能打动人。

新闻一定存在，新闻不会丢失

项目组：您觉得新闻学专业是一门怎样的专业？

赵 琳：我觉得对于新闻学而言，文学、中文一定是最打底的，但更多的是社会学、人类学，更多的是一种交流和沟通。不管这个方式是变成了人机，还是人人，还是机机之间，它一定是一种交流和沟通。不管你掌握的是机器语言，人类语言还是什么其他语言传播方式，你需要很好的传播和沟通能力，才能实现你所要成就的内容。

项目组：您在做选题的时候，怎样权衡稿件本身的质量和流量？

赵　琳：你想要做一个爆款，那么它的内容肯定很好。要是你的内容很好，而流量不好，那是因为你的表达方式不对，不对这条路子。所以当我们面对一个需要生产的内容时，首先判断的是它有没有新闻价值，然后才要去考虑它会不会产生更多的，通过表达方式、通过我们各种技术手段，来实现的流量和一些附加值。

项目组：当下存在一种关于"新闻业危机"的话语，您是怎样看待这个说法的？您觉得现在的新闻业应该如何塑造呢？

赵　琳：新闻业的危机，就是整个传媒行业的危机。这个其实也不光是中国，在国外也有，这种新媒体浪潮，很多时候就是技术在发明需求。技术可以发明我们所看不到的需求，可能因为某一天它发明出来了，所以我们就有这个需求。比方说以前，我们不觉得一定要拍抖音，一定要变成全民记者，但现在这就是事实。我需要这样的圈子，我需要微信的朋友圈，我需要公众号，那这就是被技术发明出来的需求。所以我觉得，如果说新闻业面临危机，这个最大的危机就在于新闻人自己。我们都在提融媒体、全媒体，可是没有人看得清，没有人真正知道我们到底该怎么做,都在探路。不管对错都要去探索,如果你要裹足不前,那么这样你肯定会消亡。

项目组: 您对新闻理想持怎样的态度?

赵 琳: 应该说是一半是冰山、一半是火焰吧。首先你要明确做这个行业是可以果腹的,就是可以有温饱,但是你不能指望这个职业带来多大的财富,那是没有的。这是经济基础。另外就是新闻理想,是要跟时代精神结合的,是脚踏实地的,是在你的每一个片子中所体现的。我的理想可能没有很大,没有想靠我一己之力去影响时代的想法。我跟上了时代的步伐,作为这个时代的见证者,并且以我的能力去帮助了一些可以帮助的人,我觉得这可能就是我的比较小的新闻理想吧!

我绝对不是那种纯粹的高远的理想主义者。我就是觉得,一个是可以丰富我的人生,另外就是可以在我有限的力量下,能够帮助一些人和展现一些想让大家知道的事情,这样就算完成了我的使命。

项目组: 您对媒体未来的发展趋势怎么看?

赵 琳: 虽然会看不太清,不知道媒体会怎样,但传播一定是需要的,不管是人内传播,还是人际传播,它都是有的。

另外很重要的一点,党的新闻事业一定会做得更强。对于主流价值观的引导和宣传,我们在做,西方社会也在做,做得好是我们这代媒体人的责任,所以这一块肯定是在强化的。可以肯定地说,新闻一定存在,新闻不会丢失。

采访人员:韩文婧、龚雨彤、石月、董嫣、黄雅菲

刘庆传：

敬业，热爱，坚持

刘庆传，男，1977年3月生，江西永丰人。现任新华日报社全媒体评论理论部主任，高级记者。2002年毕业于南京师范大学新闻与传播学院，研究生学历。毕业后进入《新华日报》科教卫部、评论理论部工作至今。

2006年进入《新华日报》评论部以来，主要从事党报社论、评论员文章、新闻时评写作，长期主持《漫说快评》评论专栏，撰写了大量评论文章。先后获得江苏省报纸好新闻一等奖20多次，中国新闻奖8次。获评江苏省"四名人才"（名评论员）、江苏省青年文化人才、江苏省"333工程"第三层次培养对象。

刘庆传　图片由受访者提供

"有的时候我们要想一个稿子,就要反复思考,骑自行车在想,走路也在想,睡觉还在想。"

保持热爱，厚积薄发

项目组：您能谈谈在新闻行业从求学到求职的过程吗？

刘庆传：我是南师大新传院毕业的，大学毕业以后虽然我有很多单位可以选择，但我最终还是选择到《新华日报》工作，因为我的理想是做记者。鉴于我本科学的是教育，到《新华日报》后我被分到了当时的科教处。2005年以后的一年半的时间内，我从事开展先进性教育工作。从2006年的7月份到现在，我一直在评论部工作，从评论部主任助理，做到副主任，再担任主任。到评论部以来，我每年写稿的数量和质量还是比较高的，获得过集团的十佳记者、十佳编辑、集团优秀共产党员，获得过8次中国新闻奖，20多次省报纸好新闻一等奖。

项目组：您还能回忆起第一次写稿子的经历吗？

刘庆传：当时科教处记者比较多，所以一个条口有几个记者在跑，我当时分配的条口是基础教育，负责跑南京市教育局和中小学。

我到科教处写的第一篇稿子就是去暗访南外的校外集训。以前南外小升初的时候,想上南外的学生都要去考试,很多人都会选择去培训。一些老师或者是社会上的其他教育辅导机构,就会在小区里开设培训班,一般人是不允许入内的。当时我去采访的时候,冒充是学生家长。那个时候我很年轻,我说是某个小孩的叔叔,来接他放学。于是我就混进去了,和在那边等待的家长聊天,和学生聊天,后来形成了一篇报道。这是我写的第一篇报道,当时我还是见习记者。周正荣总编辑看到这篇报道之后觉得我还是写得不错的。

项目组: 从科教处到评论部,跨度并不小,您在这个过程中都经历了什么?

刘庆传: 因为我大学是学教育的,跑教育对我来说相对比较轻松自如,毕竟有教育学知识作为支撑嘛。到评论部以后就发现在这里工作,你光懂得教育是不行的,光懂得新闻也是不行的。在评论部,必须要懂经济、懂政治、懂历史,对经济社会发展的方方面面都要知晓。那一段时间我非常辛苦,白天工作,晚上看书,自学知识。现在回过头来看,好多知识都是在评论部以后重新学习的,包括社会学、经济学、文学历史等。所以刚到评论部的那几年是很辛苦的,能获得现在的荣誉不容易,是拼出来的。

有的时候我们要想一个稿子,就要反复思考,骑自行车在想,走路也在想,睡觉还在想。所以那个时候领导常说"后台运作理论",就是说白天没想清楚,这个稿子还不能写,然后你回去睡觉的时候,做梦还在想这个题目。我们领导开玩笑说这是在"后台运作",我们大脑有些细胞是没有休息的,一直在思考问题。

我刚到评论部的时候,每天工作时间在12个小时以上。早上大概七八点就到了报社,然后就坐在电脑前看书、看材料、思考稿子。那是在2008年,我的颈椎病和腰椎病同时发作。大概有半年的时间,我是没法坐在椅子上写稿的,我就在毯子下面垫一个抱枕,跪在地上写稿子,那时是非常辛苦的,半年的时间都是如此。后来经过调整,慢慢身体好一些,但直到现在,颈椎还是不大好。

那几年,我一边工作,一边学习,大量地思考,大量地学习,反复地磨炼。我现在家里有很多书,书柜都好几个,这些书都是在工作以后才买的。在评论部待了三四年以后,情况就好多了,能力水平有了一些提高,面对社论、评论员文章或者时论,就比较得心应手了。所以我觉得评论还是要不断学习、积累、锻炼。

踏破铁鞋无觅处，得来全不费工夫

项目组：您的作品曾多次获得中国新闻奖，您的评论作品也带来了很大的社会影响，能给我们分享其中令您印象深刻的创作经历吗？

刘庆传：应该说，还是有一些。比如，有一次我去开一个社科专家座谈会，接到的任务是写一条消息稿，当时任南大党委书记的洪银兴同志来迟了，忙跟大家解释。他说，刚才接待了两批海外回来的留学生，他们表示想到南大工作。他感慨道，这几年回来的留学生越来越多了，过去南大想要引进海归，都要到海外去寻找，并且动员他们回来，但现在情况反过来了。当时我听到这个消息就开始思考。我觉得这是一个新闻。过去留学人才不愿意回来，现在回来的多了，这里面有没有什么内容可以挖掘呢，我就开始研究。首先，我找到了数据表明这几年留学回来的人才多了，留学人才归国呈现加速度增长的趋势。然后我又继续研究思考，寻找材料，发现在经济学上存在这样一个现象：当一个国家或者地区的人均 GDP 达到 3000 美元的时候，留学人才就会呈现加速度回流的这样一种趋势，这是有经济学原理支撑的。

第三个我又得知江苏省准备出台支持人才回国计

划,因此根据这些材料我写了个评论,提出现在回国人才加速回流了,我们江苏应该敞开怀抱,优化环境,要出台政策迎接海归人才回国创新创业。这个稿子出来以后,实际影响是很大的,对省里面的决策有很大的影响。因为我们江苏发展在全国前面,全国也出现这种趋势,中青报后来也写了这样的一个稿子,我们写的稿子比中青报早了五六年。这个稿子后来也是获得了全国省级党报好新闻评选的一等奖。这是我们在采访中能够得到的评论灵感。

《"暂不出新政策"也是好政策》是获第25届中国新闻奖二等奖的作品。它的创作灵感来自当时的一个会议。当时我们是去开会,领导说这个会议上会出台江苏的民营经济36条,将对江苏的民营经济发展有很大的指导作用。我去了以后发现会场上放了两本书,当时我就很奇怪,为什么每个人发两本书。这在以前是很少见的,那我就会注意到这个细节。后面在领导讲话时,撇开稿子插了一段话。他说,他们本来最近想出台民营经济36条,但他们到企业里面去调研,企业家们都跟他讲,关于民营经营的政策已经出了很多了,但是现在好多政策都没有落实。所以他们认为现在最重要的不是出台新的政策,而是把以前的政策落实好。后来他们研究一致决定,不再出台民营经济36条,而是把以前推出的政策梳理,汇编成书发给大家,一个一个进行落实。

我回去以后就抓住这个细节,在写好社论之后,很快就完成了《"暂不出新政策"也是好政策》这篇作品。这篇文章见报后，影响很好。省委主要领导第二天一早就在报纸上面批示，说"这是一篇好时论，跟省委的考虑完全一致"。后来又委托省委宣传部致电报社，要求对我进行表扬。这篇稿子后来无论是推送到省级还是评选中国新闻奖的时候，都很顺利。在我的职业生涯中，这样的作品还有不少。

项目组：您做新闻写评论的切身感受是什么？

刘庆传： 首先是热爱，我们要热爱这个事业。我觉得热爱是很重要的，要干一行爱一行。有的时候我为了写一篇评论，真的会有"为伊消得人憔悴"的这种感觉，但是写出来就很高兴，就是能够从写稿中获得快乐。所以这就是干一行要爱一行。我们评论部的老传统就是如此，我们的王柏森老处长，到 60 岁的时候还在写稿子，他五十几岁时写的评论《善待百姓》还获得过中国新闻奖二等奖。他就是这样，把写稿写评论当成自己终生的事业，我觉得，我们评论人就要这样。

第二个就是要敬业。敬业确实要有点拼命的精神，这个世界有天赋非常好的人，但是即便如此，工作都是辛苦的，学习都是辛苦的，没有说轻轻松松就能把学习搞好的。我们的老领导常跟我们说"鸭子凫水"理论。他经常讲，评论部的同志就要像鸭子凫水一样，湖面的鸭子它看起来好像很清闲，优哉游哉的。但是水面下它的双脚一刻不停地在划水。我们评论部的同事没有出去跑业务，但是我们的大脑始终没有停止思考，即使在睡觉的时候，在坐公交车的时候，在地铁上的时候甚至吃饭的时候、聊天的时候，都是没有停止思考。敬业很关键，只有始终投入，始终把工作当成一种追求，把职业当成事业，才能把工作做好。

刘庆传参加江苏创新新闻传播工作座谈会
图片由受访者提供

第三个我觉得有时要一点悟性。用一句话和大家分享一下自己的写稿体会，就是"踏破铁鞋无觅处，得来全不费工夫"。总结自己写的稿子，大体上有两类，一类是"踏破铁鞋无觅处",就是说做了很多准备,费了很多功夫,花了很多时间和精力的稿子;一类是"得来全不费工夫"的稿子,就是说灵光一闪、灵机一动就写出来的稿子。写好评论,既要有"踏破铁鞋无觅处"的苦苦追求,又要有"得来全不费工夫"的灵感闪现,平时多做有心人,把准备做足、把功夫下够。

遇见好新闻,就在下一个"高速路口"

项目组: 您认为在现在媒介变迁的大背景下,新闻行业都发生了哪些变化?

刘庆传: 以媒体融合的元年为节点,2014年以前跟2014年以后,确实产生了天翻地覆的变化,纸媒和电视媒体的发展都面临着非常大的挑战。如果不在业界的话,可能不会清晰感觉到这种变化,这种变化也不是能够用简单的一两句话能概括出来的。

从三个角度来讲这个变化,一个从传播者的角度来讲,传播者的门槛降低了,过去只有机构,比如说媒体才方便传播新闻。现在可以说每个人都是传播者,就是每个人只要有公众号就可以是新闻的生产者,因为新闻生产的门槛降低了,壁垒基本上消除了,每个人都可以从事新闻传播。

第二个就是传播的介质,过去就是纸张和电视屏幕,但是现在只要有一个小屏幕手机就可以进行传播。受众变化也是很大,现在我们都是讲高等教育这个大众化、普及化,受过高等教育的人越来越多,所以他们知识水平文化水平都提高了。受众的水平提高,那么就倒逼你的传播方式要改变。

另外一个就是这个受众的受者和传者的地位,它是互动的。过去受众就是受众,但是现在的受众可能也是传者。

对《新华日报》来讲,变化也是非常大,过去我们都是纸媒时代,《扬子晚报》一纸风行,而现在除了老年人,很少有人再通过报纸来看到新闻。那么由此直接影响了我们的经营模式,新闻生产方式发生了深刻的变化,为了适应这种变化,我们也在做一些调整。

拿我们评论部来说,我们现在叫新华日报社全媒体评论理论部,叫全媒体,就是我们现在不但要在纸媒上传播我们的评论和观点,而且还要在网络和其他渠道来传播。我们打造全媒体平台,比如说我们的交汇点APP、微信公众号、抖音号、头条号、视频号和网站等。在传播新闻的时候,我们也有各种各样的呈现形式,包括视频评论等。总之,这个媒体融合对我们来讲就是一个挑战,但其实也是机遇。

过去报纸评论影响范围可能是十几万人,但是在现在网络传播的大背景下,很容易引发爆发式传播、裂变式传播。所以我们有的一些评论或者是一些观点，一旦点燃了这个网络的这种沸点，那传播量将非常大。

网络它相当于一个高速公路，而我们这个小小单位就相当于一个高速公路的一个路口，我们在这个路口处的停车场生产新闻。在我们新闻生产过程中，很多新闻它是上不了高速的，因为你没有流量，没有什么点击率。如果你生产的新闻它自带流量，一上"高速公路"全网能够"爆炸"。

这就是你有这个机会提供了这个入口，但是不一定能够实现理想中的爆炸式传播，因为这个路口太多了，能够在高速公路主干道上快速奔跑的新闻都是热点新闻、优质新闻。现在这种网络环境，为每个人都提供了可能，过去是没有这种可能的，没有这个"高速公路"，你哪怕再好的新闻也只能在小花园里面传播。现在每一个人都有成为网红的可能，每一辆小的汽车，它都有上高速公路上飞奔的可能性。

项目组：您觉得媒介变迁对新闻从业人员提出了怎样的要求？

刘庆传： 作为记者，一方面对你的能力和本领提出了更高的要求，这种要求一方面体现你的政治素养，你的文字水平，也体现你的技术水平。比如说你会不会使用多媒体，你会不会拍摄视频，会不会剪辑，会不会制作，会不会做后期效果，会不会采用多种手段，等等。可以说,对记者的要求特别多。

另外一方面是对记者的时效要求,因为网络时代你不去抢,别人就会抢。专业记者不去、不快的话,那业余的普通的受众,他们很快就把新闻传上去了。还有一个,对你的判断能力和新闻敏感也有要求。你需要判断网络上哪些新闻它有可能会爆炸性传播。

凡此种种要求是非常非常高的,能感觉到,在媒介变迁的时代,记者面临的机遇增加了,但是挑战也同时放大了,比过去压力更大了,特别是包括经营等方面。对于媒介行业来说,面对的挑战、面对的要求明显比过去更高了。

采访人员:陆地

翟慎良：

从新华报人到网络新人

瞿慎良，男，1977年10月生，2002年硕士毕业于南京大学新闻系，之后进入新华报业集团工作，在综合新闻处、经济部、焦点部、评论理论部等部门都有过工作经历。其中，在评论理论部工作时间最长，做了10年评论员，曾任评论理论部主任。2019年8月进入中国江苏网工作，现任中国江苏网副总编辑。

其评论作品多次获得中国新闻奖。其中，《民生实事莫沉迷于"数字突破"》获得第28届中国新闻奖一等奖，《城市管理亟待走出"整治思维"》获第22届中国新闻奖二等奖，《重视改革的慢变量》获第26届中国新闻奖三等奖。

翟慎良参与中共第十九次全国代表大会的报道工作　图片由受访者提供

"要能够推动全民生产,让有生产意愿的人踊跃生产,与有专业能力的人合作生产,而不仅仅依靠我们的采编团队来生产。"

新华报人，网络新人

项目组：能否简要描述一下您的求学与从业经历？

翟慎良：我学新闻也算是半路出家，我本科读的是师范，学的是中文。可能也是怀着对新闻的一种理想，我觉得作为记者还是挺好的。有句话叫"铁肩担道义，妙手著文章"。我就是有这样一种情怀。而且当时有些媒体的影响力还是非常大的，不管是报纸、广播还是电视，我感觉从事这个工作是很有意义的。我是2002年从南京大学新闻系研究生毕业之后就进入了《新华日报》工作，我在南京大学读书的时候，是在学校研究生会工作，参与了南京大学研究生报的创办，后来也做了南京大学研究生报的主编。在学校的这一段经历，让我得到了个人业务的锻炼，对我的成长还是很有帮助的。

那时候没有新媒体，就只有一张报纸。我记得特别清楚，那时候我们的报纸排版，就是拿尺子量，画格子，所以说这20年媒体的发展特别快。我刚到《新华日报》工作的时候，一开始都是交纸质版的稿子，所有的稿子都是要打印出来，领导是在纸上改发稿签，然后给值班老总，后来就变成了电脑写稿，变成了用我们的网上采编系统。现在就是不仅有一张报纸，像我们新华报业传媒集团已经有报纸、网站、微信公众号、客户端这样一个典型的全媒体平台了。

2002年进到报社之后，我是先到常州记者站锻炼了半年，做特派记者。因为那一年我们的领导下了一个新的政策：年轻的记者，还有一些年轻的新提拔的主任都要到记者站作为特派记者去锻炼。我是在常州待了半年，回来之后就在我们的综合新闻部工作。综合新闻部当时是没有条口的，但对记者来讲，条口是很关键的。所以我们经常开玩笑说，每天都是等你下锅。别人有条口的，有些活动就会通知他去参加，但是我们没有条口，就只能自己主动去找线索，然后采访写作。

去年的8月份我刚到中国江苏网来工作。所以我跟同事们交流的时候，说我现在从一个新华报人成了一个网络新人。我在《新华日报》待过几个部门，在综合新闻处待过，在经济部待过，在焦点部待过。之后在评论理论部做了10年的评论员，这是时间最长的一个任职阶段。

2019年的1月1日，"学习强国"学习平台正式上线。去年8月份，我来到了中国江苏网，承担了"学习强国"江苏学习平台的运维工作。当然，我的工作单位没变，还是新华报业传媒集团，只是从报纸转向了网络。

项目组：您原来是从事纸媒工作，现在是在网站工作，这两者有何不同，您的工作又经历了怎样的转变呢？

翟慎良：我确实感觉到现在与在报纸时有很大的不同。现在我总是讲一句话：要用平台思维来运维平台。因为新媒体跟报纸在容量上有很大差异，同样，生产模式也是不同的。像我们的《新华日报》，创刊于1938年，到今天有82年的历史。我们的版面平时只有16个版，就算一个版能发10篇稿件，一天也只能发160篇稿件。但是在今天，一些新媒体平台，每天能发几千几万条视频。所以做新媒体，我觉得第一个是需要用平台思维来运维平台。

第二个，就是要能够推动全民生产，让有生产意愿的人踊跃生产，与有专业能力的人合作生产，而不仅仅依靠我们的采编团队来生产。一些新媒体平台，他们并不一定自己写稿子。所以我说有几个转变，就是从写稿到运维平台的转变，从自己生产向全民生产转变，另外还有一个是从传播信息向服务受众转变。另外，我们的运维机制，也从层级体系变成扁平管理。互联网新媒体时代它都是扁平化的，可能三五个人的一个小团队，就能生产出非常爆款的视频来。这是很重要的几个转变，我确实感触挺深的。

跑着写评论

项目组：您的评论作品曾多次获得中国新闻奖，可以谈谈这些作品的创作经历吗？

翟慎良：我有三篇评论获得了中国新闻奖。《民生实事莫沉迷于"数字突破"》这篇作品获得了一等奖。当时看到《南京日报》上有一篇报道，讲到我们家庭医生的签约率比较高。其实我之前也关注过类似的新闻，对于家庭医生的相关情况，我也一直有一个困惑，就是为什么签约率那么高，但老百姓好像都没有体会到家庭医生服务？在看了《南京日报》的报道之后，我了解到所谓的家庭医生签约，是跟社区医院签约。只要跟社区医院签约了，就视同和居民签约了，我们的居民就能够享受到家庭医生的服务了。我觉得这样的数字考核、数字游戏值得警惕，所以就写了这一篇评论，对这种现象提出批评。

我还有一篇评论是《重视改革的"慢变量"》，这篇获得了中国新闻奖的三等奖。我有一个观点，这当然也是我们评论理论部的老前辈们一直认可和坚持的一个观点，就是说写评论也需要有采访，我们要跑着写评论，用脚写评论。其实这跟目前要求的"四力"是一样的，脚力、眼力、脑力和笔力，脚力是排在第一位的。我的这一篇《重视改革的"慢变量"》,事实上也是在一次采访当中有了最开始的萌芽。我参加了一个高层论坛,当时南京大学的党委书记洪银兴在这个演讲过程中提到,我们现在的改革要重视慢变量。比如说一些容易进行改革的地方可能早就改过了,但是一些改革的慢变量,就是缓慢发生作用的、改起来比较慢的部分,这些要重视。我听了之后很受启发,我就以这个观点作为统领,写了这篇评论。

我一直有一个观点,就是你的稿子写得好不好,最重要的是来自采访的积淀。做记者跟小说家不一样,做记者必须要跑到现场去,必须要到现场捕捉细节、故事,回来再写自己的作品。因为你只有到了采访的一线,你才会发现真相、发掘精彩。

项目组: 您对新闻理想有什么看法?

翟慎良: 新闻理想这个话题有点大。但我一直说一句话,情怀可以有,滥情就算了。我记得有一次我到北京去参加培训,是央视的一个领导给我们上课,他说我们新闻人要有江山的情怀,但不要有江湖的情绪。你要认识到你的工作价值,志存高远、脚踏实地。我们新闻业界也一直说一句话,叫我们要站在天安门上思考,回到田埂上写作。记者的职业理想可能就是这样,像一棵树一样的,你根扎得越深,你这棵树向上生长的躯干才能更高、更大,我希望能够成为一棵不断向上生长的大树。

既要善增粉,也要肯精耕

项目组:您认为现在对媒体记者的素质要求,和过去相比有没有什么变化?

翟慎良:我觉得在这一点上是没有根本变化的。今天人人都是记者,人人手上都有麦克风,那我们新闻专业学生的优势就在于我们的判断能力。我觉得生产能力,比如说一些全媒体的制作能力,你可以到单位再来学都没关系。但是这种新闻敏感,还有这种对尺度的把握,这是需要长时间的训练的。

项目组:您怎么评价自己在新闻数字化背景下的转型?

翟慎良:转型,是被动的转型,被推着转型。当然你要主动去学习,比如说你到了网站,你就要到人家兄弟网站去学习,你就要到商业平台去学习。我曾到字节跳动公司的北京总部去访问过,也到字节跳动的江苏公司访问过。你去跟这些走在前沿的媒体人去交流,去学习,那你也就慢慢知道该怎么做了。

翟慎良在工作中　图片由受访者提供

项目组：对于"新闻业危机"的提法，您怎么看？

翟慎良：现在确实有这样的一种现象，就是人人皆是记者，物物皆媒体。

2020年疫情期间，"学习强国"平台在武汉几个地标的建筑上面加了摄像头，比如雷神山、火神山医院的工地，没想到有那么多人看。其实我觉得，我们现在所说的危机，在一定程度上确实是存在的，因为有这么多的设备在进入新闻，我们记者还原现场的功能，或者是记录现场的功能在弱化，但我不认为这是一种危机，恰恰相反，这是我们记者可以利用的条件。记者去采访的时候，如果这个地方有摄像头帮你拍下来了，那也可以作为素材，可以让你更加清晰地了解现场。我对新闻业的发展前景还是非常有信心的。

当然现在也存在机器人开始写稿，说记者已经被取代。包括 AI 智能的播报，它可以 24 小时连续地播，而人是不可能的，因为你要吃饭睡觉。但这只是一些辅助和替代的功能，记者不会被淘汰的。

项目组：您觉得专业记者在新媒体浪潮中有着怎样的自身价值？记者应如何更好地与时代、受众、市场共处？

翟慎良： 我觉得在这个时代做记者就是要精准定位，你不可能去收获所有的读者。我觉得我们专业的记者，在收获了一定的用户或者粉丝之后，你就应该精耕他们，好好地去为他们服务。比如在"学习强国"江苏学习平台，我们就推出了一个策划，叫"咱村特产我来代言"，实实在在服务农民增收。我们请村里的支部书记、农业合作社的负责人，把自己的特产推荐出来，这个反响就比较好。归根结底，就是要做方便让受众获取服务的平台，做一个让用户离不开的平台。

采访人员：韩文婧、石月、龚雨彤、曾靖文

许宵鹏：
做一个视野开阔的专业化追求者

许宵鹏，男，1977年生，现任江苏省广播电视总台党委办公室（总台办公室）主任助理，曾任江苏省广播电视总台融媒体新闻中心主任助理。

作为传统电视人，他有着丰富的一线工作经验，先后参与过《午间特快》《大写真》《有一说一》《新闻眼》等栏目的制作，也担任过记者、制片人等职务。江苏广电总台成立首个直播组后，他与同事成了江苏新闻直播的先行者。

2013年，他所参与主创的《新闻眼》为江苏广电拿下了第一个中国新闻奖优秀栏目一等奖。2018年，由他担任制片人的节目《你所不知道的中国（第三季）》又一次摘获了中国新闻奖一等奖。除此之外，他个人、团队作品也多次获得江苏电视新闻奖、江苏新闻奖等奖项。

许宵鹏在访谈中　曾靖文 摄

"新闻和信息一定是人类永恒的诉求。到任何一个时期,发展到任何一个时代,再高科技的年代,它们永远是延续性的,有需求的。"

新闻奖经历：探索中打磨

项目组： 您能谈谈是什么让《新闻眼》这个刚创办一年的栏目在评奖过程中脱颖而出的吗？

许宵鹏： 当时，我们的栏目从整个新闻的呈现方式、主持人的风格等许多方面来说都比较新。定位是以民生类内容为主，但又不是传统民生新闻的打法，格调和基调相对来说比较高。所以评审组专家认为这是一个很有突破的栏目，最后拿了一等奖。

这个节目在创办初期还是比较困难的，那个时候（2011年）对这类节目的舆论导向以及社会功能的把握，要求越来越高。当时我们就在想，怎么样才能做出一档新闻节目，匹配江苏卫视的定位。后来确定了，第一是要把内容做得更有意思，人们看了我们的节目会觉得舒服，而不是一味追求劲爆。要通过把握节目内容，对整个社会的思维价值观起到一定的引导、引领作用。

第二就是，我们的节目应该属于全国第一家常态化使用虚拟前景作为演播室呈现的一个新闻节目。以往这类东西一般用在综艺节目，或是天气预报、娱乐资讯播报。但是我们在一个日播的新闻节目里常态地使用，是全国首家，在视觉上让人眼前一亮。

第三，我们选择了一个特别有意思的主持人。他没有学过播音主持，也没有学过新闻。他以前是个北漂歌手，个人经历比较丰富。他的人生经历给了他对新闻不一样的认识，再加上朴实的说话腔调，这些让他很亲民。

第四个特点就是希望能够让新闻故事化。把故事讲好，能够让人看得进去、看得明白，让人家能看懂、愿意看的东西，那才是新闻。所以这样的一种价值观可能是决定了这档节目能够在当时脱颖而出。

项目组： 您参与了《你所不知道的中国》全部三季的拍摄，这三季的创作经历都有哪些不同，它们给您带来了哪些经验？

许宵鹏： 在前两季，我算是策划兼做编导，第三季基本上就是带领团队在做这个项目。因为国家层面一直在说要讲好中国故事，所以我们这三季的制作也是一个特别明显的探索过程。

第一季那年是新中国成立 65 周年，所以我们做的实际上是一个献礼节目。首先我们跨越了一个省级电视台固有的视角，把全国 34 个省、市、自治区都兼顾在内。其次献礼类节目往往都是很宏大的，但我们想要让它变得更加亲民。后来我们就想,既然说"你所不知道",那我们就去做点探秘和这些秘密背后的东西。要不停地问:这个东西到底是什么,背后是什么,它的发展历程意味着什么,代表着什么。在这样的过程中,我们就把原来叙事过于宏大的问题解决了。

第二季中,我们找了许多在中国留学或是生活工作的外籍嘉宾,用他们的视角去看中国的各行各业。这样做出来的纪录片确实和第一季有了很大差别。但是再往后,当我们复盘这个项目的时候,就发现核心思想还是编导在掌控着。对于怎么把外宣和传统内宣这两种语言体系更巧妙地嫁接起来这个问题,我们还一直在摸索的过程当中。

到了第三季,我们就是彻彻底底地走出去,去跟西方世界讲中国的故事,所以我们才会有跟雄狮公司的合作,才会有到BBC世界新闻频道播出的过程。这个过程也很艰苦,主要体现在两种不同的价值观上,甚至是有在BBC话语体系下的人,他习惯于戴着有色眼镜来看中国,我们就要把我们自己的价值观转化成广播电视的专业语言去跟他沟通。我们要让世界更正确地认识中国,但同时也不回避中国现存的问题,因为我觉得这是现实,你要让世界看到一个比较客观的中国,且是一个在改变的中国。

项目组：您是怎样定义记者生涯中的重要时刻？

许宵鹏：我一直主张做大量的小人物，因为我觉得这个世界上的每一个人都是一本书，你只要去挖掘、寻找，每一个人都可以做一部纪录片，每一个人都可以把他的故事讲得非常精彩。我觉得不是说每一个人的高光时刻，而是你有没有用心去感受这个人身上跟别人不一样的地方。就像世界上没有两片完全相同的树叶，其实人更复杂。所以当你真正用心去跟他沟通、去观察他、去陪伴他的时候，你就会发现每个人的故事都会非常精彩。我觉得这才是这个行业有意思的地方。你每天面对不同的人，你走进他们不同的人生，走进他的人生里去看他的喜怒哀乐，去看他在各种状态下的反应。他也许很卑微，但是他的卑微一定是跟别人的卑微不一样，他的高尚也跟别人的高尚不一样。

职业经历："非专业"和专业

项目组：您在大学期间学的是教育技术专业的，那么后来您又是怎么与新闻结缘的呢？

许宵鹏：是这样的，教育技术的专业比较杂，广播电视就是其中的一个专业课。并且我们宿舍里八个人，有六个是广播电视专业的,一个是新闻专业的,我就很容易受到他们的影响。再加上当时教我们文学写作的王丽娟老师,她的教学让我对影视语言提起了兴致。

大二、大三开始我就去了电视台实习,开始对广播电视产生了兴趣。大四刚毕业那会儿,我就在江苏教育学院工作,现在叫江苏第二师范大学。但有过电视台实习的经历后,人也跑野了,觉得在学校里待着很乏味,我工作了一个学期就辞职了。离职后就到了江苏台新闻部,那时候还叫新闻部。从2001年3月开始,一直到2019年5月,我才从新闻中心调离到办公室,到现在为止也没有彻底脱离新闻。

我觉得自己虽然不是科班出身,但关键在于什么?你有没有学习能力,有没有主动学习的能力。因为新闻,尤其是电视新闻,它要涉及的东西其实是方方面面的。今天可能要去关注与法律有关的东西,明天就是经济,下一次就是生理学。

我曾经做过一个性学专家的专访,最后的成片是40分钟,稿子大概也就是五六千字吧。但是跟这个人有关的新闻,包括他的学术、专著,甚至跟性学有关的知识,我大概看了有十几、二十万字。我学习了这么多资料之后才能去面对他,才能跟他平等对话。否则你问出的问题就会过于浅显,让对方没有接受采访的欲望。所以门槛并不重要,关键在于学习,不断地学习。

项目组：您还记得第一次采访或是第一次拍摄的经历吗？

许宵鹏：这个我不太记得了，但是有一个故事我记得很深刻。那是我第一次到电视台实习，去的是我们老家那个电视台的新闻部。一开始就是跟老师出去，拎包扛三脚架，后来跟老师混熟了，老师就把稿子让给我写。但那个时候真的很蒙，稿子大概改到第八版，老师才说能看了。这个事情其实一直对我触动非常大。你怎样让自己更专业，让自己更像一个专业的新闻人。这次触动可能是我职业生涯中最难忘的一件事情。

其他的采访经历，不论是抗震救灾也好，去做纪录片也好，很多都是我在职业生涯过程中一点一滴堆积起来的。但是在堆积的过程中，当我问自己为什么要很执着地去打磨每一段文字，去打磨每一段画面，答案就是当时实习老师的那番话。他反复地质疑我的专业性，那我就一定要让自己专业。因为专业化，一定是让我们自己或者说让我们这个行业能够更有未来的一个道路。专业的操守、专业的技能，如果我们没有这些职业素养，那和街头胡乱编造的小报又有什么区别呢？

项目组：在您职业生涯中有没有经历过一些重要的时刻？

许宵鹏：我去过汶川、去过玉树。这算是当记者的过程中比较重要，应该说是以后也会比较值得记忆的事情。

当时汶川地震的消息得到确定之后，出于一个记者本能的反应，我说我一定要去。我觉得我们把那里的更多情况让更多的人知道，并不是说非得换取别人的眼泪，而是在这样一个大灾大难面前，我们的报道应该能够起到让更多的人团结起来的作用，这才是我们的职责。

我觉得没有必要去讲很多让人三句话没看完就掉眼泪的东西。我对讲带有情感深度的故事要求，都是自己要克制。我觉得新闻写作里面应该有一个基本的规则就是少用形容词。这其实就是为了让这件事情在经过一个人的思考过滤之后，尽可能减少对于这个事件本身真相的干扰。有时候，一种淡淡的情绪要比特别华丽的东西或者说连篇累牍的煽情更有力量。

到汶川去的时候，精神上的创伤更大。我回来之后大概有将近半年时间，感觉自己要抑郁了。我那个时候真的感觉特别痛苦，就觉得这个世界一切都没有意义，我大概用了半年多的时间才缓过来。

到玉树是肉体上比较痛苦。高原反应，因为那个地方平均海拔也有4000多。天天要采访，东奔西走。最难受的时候，头疼到恨不得一头撞死。当时一群很年轻的喇嘛，徒手扒废墟找人、救人，手指甲盖全翻开了，一边流着血一边还在翻，试图救更多的人出来。有几个年轻的战士在高原上得了肺水肿,还来不及送到西宁,在飞机上就牺牲了。

我们在去汶川采访的时候,当地的人也是对我们很好。当地的老百姓,包括出租车司机啊,哪怕骑三轮车的师傅,听说我们是外地来的记者来报道他们这边受灾的情况,没有一个人愿意收我们的车费。这真的就是中国人之间的这样一种情感。我能在这些地方看到民族的希望。我觉得为什么我后来开始慢慢地会越来越多去关注生活在我们身边的最普通的人,我觉得正是这些人的力量凝聚起来才是这个国家的希望。

项目组: 您如何评价自己的行文风格?

许宵鹏: 比较干净吧。我经常讲,写稿就相当于一个人出门,你可以不化妆,但你一定要洗脸。一篇稿件,如果你的文字不够干净,就相当于你没有洗脸就出门了,这是对你身边所有人的一种不尊重。我觉得文字干净首先就要做到不要有错。

第二个是可以适当化点淡妆,但是一定不能浓妆艳抹。在必要的时候去做一些渲染,它能对整个故事的推进起作用。我有一个反复跟很多人讲过的诀窍——去听命运交响曲的前30秒。把它听明白、听懂,你就知道什么叫节奏。

其实不管是写文字,还是做广播电视,节奏是一个特别重要的东西。你想命运交响曲开头那段,它一定是要这种高强度的东西、很重的重音下来之后,然后立马就缓下来了。我们在做文字的写作或是视频的制作时,如果没有节奏感,一定做不出来好东西,但是恰恰现在很多人忽略了这个东西。他认为广播电视跟音乐不一样,但其实原理都是一样的。这其实也是一种干净。我觉得就像山间的泉水一样,它就是很自然地流淌下来的,它一定是中间有个地方有块石头,在那个地方水流声变大,之后可能又是很平缓的。

新闻观念:不走"寻常"路

项目组:现在有很多自媒体在做自己的一些内容。在这种自媒体的浪潮下,您怎样坚守自己的角色与专业化?

许宵鹏:自媒体不代表不专业,至少是不能说所有的自媒体都不专业。所谓的专业是什么,我认为的专业是你除了要有专业的操守、专业的技能以外,还要有专业的精神。专业的精神,不仅仅是把原来新闻教科书上写的那些东西坚持下来,它不是一成不变的。同时不管是自媒体还是传统媒体,一旦冠上了"媒体"这两个字,你在任何一个国家,不管你是为谁负责,都是有责任的。

面对自媒体的热潮,往移动端发展一定是我们现在

许宵鹏在访谈中　曾靖文 摄

要做的事情，因为这是一个不可逆转的趋势。当你没有办法改变它的时候，你与其顺着潮流被人往前推，不如去主动拥抱它，我自己也要去改变。如果你不能在他们所擅长的领域把自己也变得很擅长，甚至比他做得更好，那么你就没有未来了。大屏要守住，长视频还会有人看。因为你坐在沙发上看一个60分钟的电视，和你挤在公交车上看一个小视频的感觉肯定是不一样的。

我会去尝试新的媒体手段。其实从做新闻以来我都不怎么看新闻，我的大部分业余时间要么用来看书，要么听音乐，要么看纪录片，我甚至会去看综艺节目和电影，但我极少看最纯粹的新闻。我觉得在这样一个过程中，你会在其他的门类里找到让你做好新闻的更多办法。如果天天只看新闻，你看一辈子新闻，你甚至连你所看到的新闻的水平都达不到。但当你跨界之后你会发现，很多东西，甚至是综艺里的东西，完全可以拿来做新闻用，比如正能量思想的嵌入方式、更多手法的运用等。因此我只要用新媒体的手法，用新媒体的理念来做传统的东西就可以了。

项目组：您怎样理解新闻业的变化？

许宵鹏：新闻和信息一定是人类永恒的诉求。到任何一个时期，发展到任何一个时代，再高科技的年代，它们永远是延续性的，有需求的。

业态在变化，原来我们只能听听村里面的大喇叭，之后有收音机，后来有录音机，再后来可以看电视、可以上网，现在拿着手机干啥都行了。看看最火的几个APP，它还是在给你提供资讯、新闻。新闻业不会崩塌，崩塌的是陈旧的新闻理念。你如果还永远守着故纸堆里的那些东西，那崩塌的不过是你这个人。如果你愿意更积极、更主动地去改变，去拥抱时代甚至引领时代的时候，你会有生存危机？不会有的。

采访人员：韩文婧、龚雨彤、石月、董嫣、曾靖文

张宏亮：
从舆论监督到新媒体，双向互动始终如一

张宏亮,南京广电集团融媒新闻中心移动传播部副主任(主持工作)。先后从事过调查类、时政类、政务类、党建类等各类新闻专题的采制、栏目统筹与管理,相关栏目包括《东升工作室》《12345》等;创办了理论宣讲类(《思想的力量》)、新闻类(《今日聚焦》)、政务类(《改革进行时》)等各类型电视栏目六个。2020年参与创建并主持南京广电融媒新闻中心移动传播部工作,带领的移动传播部成立一年后获得了国家广电总局颁发的全国广播电视和网络视听先进集体称号,运维的《南京新闻》视频号获江苏省网络视听新媒体十佳栏目称号。

近年来,个人新闻作品、创办的栏目以及学术论文获省级以上奖项包括:中国新闻奖3个、国家级其他新闻奖项10个、省级新闻奖近20个。获江苏省新闻出版优青、江苏省广播电视人物奖、南京市宣传文化系统"五个一批"人才、南京市十佳编辑记者、南京市机关作风建设先进个人等荣誉。

张宏亮在工作中　图片由受访者提供

"我们要把舆论监督比作一把双刃剑,拿这把剑对着别人的同时,另外一刃也对着自己。"

执好舆论监督这把双刃剑

项目组：您能和我们简要分享一下，从大学到求职过程中自己走进新闻业的经历吗？

张宏亮：说起来选择新闻行业的原因有些特殊，实际上从我性格上来讲，不善言辞、比较内向，但另外一个特点是倔强，当别人认为我的某个性格特质是缺点的时候，我就要把它放大成是优点或者改变它。做记者就是一个社会活动家，就要跟人打交道，和别人接触多了，我在别人眼里所认为的缺点可能也就会被克服掉。

我非常喜欢做新闻调查，但觉得光用文字写不过瘾，尤其是在做一些批评性报道的时候。想要说一声不好，就要拿出证据来。这个证据是文字表达的更让人心服口服呢，还是声音图像更让人心服口服呢？我觉得是后者。

所以在我大学毕业的时候，我就想着一定要去电视台。恰恰那个时候电视台在民生新闻上面竞争开始日趋激烈了。2003年我通过了南京电视台招聘考试，正好碰上《东升工作室》开播。这是一个有十三年历史的舆论监督类栏目，我从 2003 年进电视台就到这个栏目了，一直到 2015 年这个节目取消。

项目组：您从进入这个行业就几乎一直在做舆论监督，这十几年来您对舆论监督有什么感悟吗？

张宏亮：我们要把舆论监督比作一把双刃剑，拿这把剑对着别人的同时，另外一刃也对着自己。所以我们时时刻刻要保持高度的警惕和负责，要保证自己调查的第一手素材是准确无误的，我们说出去的话是有分寸有把握的。

我始终主张建设性舆论监督，就是说我们在做舆论监督的同时，曝光问题不是目的，目的是为了解决问题。所以我的稿件几乎每一篇到后期都是把问题提出来，同时提出解决问题的建议。因为我们遇到这类问题可能比较多，解决问题的办法可能也相对丰富一些，可以把他山之石引荐给你。这种建议有的会在稿子上表现出来，有的就是采访过程当中就直接跟他说了。很多人通过我们提供的建议，把问题解决了，工作也推进了，因此我们也成为好朋友。所以通过舆论监督不但没有成为仇人，反而成为好朋友，这种案例是我一辈子的财富。

守监督边界，用事实说话

项目组：您觉得获中国新闻奖是您职业生涯中的高光时刻吗？

张宏亮：获中国新闻奖，我不觉得是我的高光时刻。真正的高光时刻是我每一次业务达到突破点的时刻。

高光时刻我觉得至少有两个地方。一个就是我做的一篇名叫《谁动了储备粮》的报道，这篇稿子做了一个月，到最后我迟迟没发，我觉得还有一些可以再扎实一点儿。后来，对涉事企业和主管部门的问题调查得已经差不多了，再往下调查有可能就涉及个别人违法犯罪的一系列问题，我就觉得我可能越界了，下面的问题要交给相关部门来调查了。作为记者角色，调查问题揭露问题并促进相关部门尽快解决即可，而不能越俎代庖成为警察成为法官。

为什么我说那篇稿子是我自认为的高光时刻，因为那个时候我就开始树立一个观念，我们做舆论监督应该到什么程度为止？应该做什么样的舆论监督？我到那个时候戛然而止，因为我觉得问题已经调查清楚了。至于查证是否存在违法犯罪问题，超出了我的职责。作为一个记者，我把问题抛出来，然后告诉相关的职能部门应该警示了，应该赶紧着手干预。我觉得我的思考是对的。记者身份和角色定位在哪？到什么程度该戛然而止？什么是记者该做的事？什么是不该记者做的事？

在做新媒体之前，我曾经参与创办过建设性舆论监督节目，也参与创办过理论宣讲节目，以探索改革创新路径、宣讲推广典型经验为主的访谈节目，并获国家和省级奖项。之所以能从单一的舆论监督业务顺利转型到多种节目类型，得益于前期的日常积累和训练。

我在做舆论监督的时候，《东升工作室》这个栏目也会接到一些宣传报道的任务，我们按照做舆论监督的逻辑传承下来，说一个人好也要找出证据，说你干得漂亮我们也要找出原因来，按照这个逻辑，后来我们就发现说人好话比说人坏话难多了。我们慢慢摸索着，觉得说别人好话是需要让观众看了、听了心服口服，我们要拿出真凭实据来。就为一篇报道，我要看大量的资料，了解他们的工作，找到他们把这个工作做好的原因，我曾经为做好一篇关于环境整治成果的调查报告一夜看了几十万字的书。之前我形成一个套路：是什么、为什么、怎么办。这不光是做舆论监督调查的报道的套路，也是做宣传报道的一个套路。当然了，在具体的每件稿件里它会有变体。它未必叫是什么、为什么、怎么办，但它基本上对应这个逻辑，通过这样的转型，我觉得我又上了一个台阶，这个可能也就是高光时刻。

新媒体情境下,"酒香也怕巷子深"

项目组: 您最初进入新闻业这个行业的大环境是怎样的,和现在比有什么区别?

张宏亮: 大环境我们就来谈谈当时的传播载体吧,我 2003 年进入这一行的时候,那个时候还是传统媒体相对来讲发展比较昌盛,这个时期民生新闻大行其道。当时因为是传统媒体,广播电视、报纸这些单向传播,我们获得反馈并不是很直接,那个时候的反馈最多靠收视率,靠观众来信,甚至热线电话反馈。

我也参与过一档电台民生节目叫《排忧专线》,是东升老师主持的一档舆论监督性的投诉节目。我在其中担任导播,就是负责筛选选题,接听听众的来电,与此同时还要拨打被采访对象、被投诉单位的电话,要随时接到直播室跟东升老师对话。《排忧专线》这档节目相对来说互动性更强一些,因为这是一档直播节目,而且我们经常是三方通话,就是东升老师、我拨打电话的被投诉单位的负责人或者工作人员,还有反映问题的举报者,三方同时在线就一个问题展开讨论。那个时候我就发现双向互动是非常重要的。对于传播者来讲,我们可以及时调整自己的话题和节奏,调整内容的方向。

随着科学技术的迅猛发展，尤其是互联网行业技术的突飞猛进，各个端口都在呈现新媒体的传播业态。刚开始的时候是网站，但是它不能移动地去跟媒介互动，这实际上还是受限制。所以后来手机、iPad这些便捷的电子设备被更多地赋予了媒介的功能，它不仅能够接收信息，还能发布信息。当时在移动端刚刚新兴的时候就说"人人皆是媒体"。

自媒体的传播是非常有影响力的，随之就带来了两个问题。这个影响是正向的影响还是负面的影响？在新媒体时代，移动端的传播媒介越来越发达，人人都参与到移动端的信息传递过程当中的时候，很多的舆情是很难把控的。它到底会往什么样的方向去发展？这个时候更需要我们自身作为一个传播者来规范自己的行为，也更需要有一套行之有效的监管体系对传播者的传播行为进行监督与规范。

项目组： 您觉得过去的新闻传播和现在相比有什么区别吗？

张宏亮： 以前讲的内容为王，现在我看未必，现在也有可能是平台为王。我举个很简单的例子，抖音不生产内容，它只做平台，你说它是平台为王还是内容为王？

它首先得经营平台，平台怎么来经营？的确是需要有内容的，但是这个内容我可以投放到快手，也可以投放到抖音。就算有好的内容,也需要平台给流量,所以以前叫酒香不怕巷子深,现在怕酒虽香但是巷子太深了,就是说你离平台太远了,你没有用好平台,那么再好的内容都传播不出去。

张宏亮在工作中　　图片由受访者提供

刚才讲到平台为王,还是内容为王,对于我们传统媒体来讲,这仍然是一个问题。我们传统媒体除了做内容之外,我们也在打造自己的 APP,现在规模还可以的传统媒体哪家没有自己的 APP？但是打造得怎么样,花了多少力度去打造,未来应该怎么发展？可能层次不一样,想法不同,收效也不一样。做得好的很早就开始盈利了,而且可以反哺传统传媒业的成本,做得不好的相当于是一个鸡肋,甚至可能还要亏钱。所以现在正巧又是一个群雄逐鹿混战的时代,大家都在思考,要有自己的平台,要建设、巩固、强化、提升自己平台的影响力。

以前传统媒体刚开始触碰新媒体的时候，实际上触碰的仅仅是内容，只是把传统电视端的电视产品整个搬到新媒体客户端，那个不叫新媒体产品，一条电视片整搬到这上面来，那只不过是一个搬运工作。现在的新媒体产品内容形式就大不一样，表达语态、语境都不一样，非常地贴近网友的感觉，就是所谓的网感。以前我们都在把生产的内容拼命地带网感，但做着做着就发现我们都在给抖音、快手、B站这些平台打工，这些平台里面有哪一个平台没有媒体号？这些平台最初发展其实也都靠媒体号把它们内容撑起来，那么久而久之，用它们这个平台的受众多了，在它们那儿发内容的社会人也多了，媒体发的内容如果缺乏改进，就会越来越不受受众待见，媒体的内容可能就不太受欢迎了。一篇我们自认为好的作品投放了以后，媒体也可能限流，这时候酒再香还能卖出去吗？所以这个时候是平台为王，还是内容为王，主动权其实掌握在平台这一方。

当然了，我个人觉得这个都不是绝对的，要具体的事情具体对待，所以我觉得两方面都要管理，平台也要抓，内容更要建设，内容本身就是传统媒体的强项，再强的社会人，他不可能有我们做的那么专业，那么有持续性，那么有创新性。说白了平台也是在做技术和营销，我们把这些问题解决了，那我相信平台自然也能做出来。所以我对于传统媒体去办平台是非常有信心的，不就是相当于原来我们办电视台、办报纸,那只不过办的对象的功能不一样。当然我们要在新媒体上做一个自己的平台,花的钱可能跟以往的电视、报纸又不能比了。因为科学技术的更新非常迅猛,媒体做一个 APP 可能刚花进去两三百万,又有新的产品做出来了,那就要不断地更新迭代。这要靠大量的资金、人才来堆积,把技术顶上去。

但对于我们来讲,第三方平台我们也不能放弃。因为我们作为官方媒体,首先是社会效益,社会责任放第一位,其次才能谈到经济效益。我们需要不计成本,不计代价,做好铁肩担道义的责任,做好舆论的引导。所以在这个问题上面我们毫无疑虑,不管是做平台也好,还是做内容也好,要多大的投入,给多大投入。

项目组: 您认为当下新闻创新最重要的是什么?

张宏亮: 就认真这两个字,干什么事儿缺了这两个字什么也做不了,认真才能负责,负责才能把事情不折不扣完成。如果从创意提出者到生产者到发布者这一条线都遵守这两个字,就不可能打折扣。所以我觉得做媒体实际上是做人。你内心有没有这份责任,你做这个事情就有多大的认真度。所以我带了很多的实习生,以前教他们的时候,首先不要谈业务,先做好人。做人的学问很大,但是放在我们新闻行业来讲,首先要学会讲人话、做人事儿,就是你去采访别人,你是高高在上呢,还是低声下气呢,还是跟他平起平坐呢?我经常讲记者是一个"上能见总统,下能见乞丐"的行业,要能做到这个境界,人算做好了。

采访人员:陆地,赵苏萌,李荣华

姜小莉：
新闻业永远是个朝阳产业

姜小莉,女,1974年8月生,江苏句容人,现为《常州日报》要闻一部记者。1995年毕业于南京师范大学涉外文秘专业,大专,后考第二本科学历。

毕业后在其他行业从事了一年多的办公室宣传工作;1996年底,她由常州日报社招聘校对的机会加入了常州日报社。自此,在报社一干就是20多年,干过校对也干过编辑、记者,跑过社会新闻、经济新闻、时政新闻等多个部门。

2018年参与的作品《"三块地"》系列报道获第28届中国新闻奖报纸系列报道类二等奖,在全国设区市报纸中,是这个类别中唯一获奖的。

姜小莉在农村采访　图片由受访者提供

"新闻产业始终存在,只是新的传播方式会不断取代旧的传播方式。那么,对旧的传播媒介来说,就是'危';对新的传播媒介来说,就是'机'。"

再忙,也不能乱了心里的方寸

项目组:您参与的作品《"三块地"》系列报道曾获得过中国新闻奖,当初是怎么想到做这个选题的?

姜小莉:2016年底,我们在常州市武进区采访时得知,该区是全国"三块地"改革试点地区之一。作为地方新闻媒体,也要能站到天安门城楼上看中国、看事物。凭着对新闻的敏感性,我们意识到,这是一个极其重大的新闻题材。"三块地"改革,是指农村土地征收、集体经营性建设用地入市和宅基地制度改革。长期以来,"三块地"上的制度性障碍,既阻碍了新型城镇化建设,又不利于乡村振兴战略实施。常州市武进区大胆探索,在"三块地"制度改革上取得了重大突破,迈出了坚实步伐,并且形成了丰富经验,得到中央有关方面的高度肯定。

项目组:您能和我们分享一下该作品的创作经历吗?

姜小莉:最初,我们从有关部门了解到的情况,足以形成一篇3000字左右的通讯。但是,我们感到,必须要到基层去、到一线去、到现场去,才能真正把这篇文章写深、写活、写透。

要准确把握这个题材,难度不是一般的大。为此,我们和同事反复学习研究相关法律法规、改革文件和政策条文,并且学习多个领域的有关知识。

这次采访,从开始到结束,前后经历 8 个多月。我采访的对象超过了 100 人次,记录的内容分布在 3 本采访本上。采写过程中,大量的素材被淘汰、被刷新,淘汰素材大大超过见报内容。

记得我们的初稿是 2017 年 9 月 29 日拿出来的。那年的国庆节和中秋节紧挨,连休 8 天。8 天中,总编辑和编辑为了这组稿件工作了 7 天。他们从业都已经几十年了,但是,还从来没有碰到过难度这么大的稿件。他们各司其职,一边修改,一边让我们补充、查询、核实。每天下班回家后,他们还要思考有关问题。一旦想到什么,就立即记在小纸片上,第二天带着那张小纸片来上班。那些小纸片,一共有 32 张。

最后,报社组成了一个 14 人的审稿小组。按照单篇计,3 篇稿件一共修改了一百几十遍。

《"三块地"》系列报道,让我们这个团队得到了极大的锻炼。在这个大团队中,我们一点一点成长。这样工作,说不苦不累是假的,但是,我们心里是甜的、精神上是充实的。也正是由于这样的坚持,近年来我们才有了一批高质量的报道。当然,获奖不是目的,目的是要高质量办好报纸。

做记者,每天忙忙碌碌。但是,再忙,也不能乱了心里的方寸。把新闻真正做好,就是我们心里的方寸。因为,这一块阵地上的得失,不是一般的得失!

就是不断地学习

项目组: 您还记得您第一次的采访经历吗?

姜小莉: 我第一次独立采访的时候,是哭着回来的。我第一次跑的条线是公检法,当时是公安,要到公安局去对接。

我跟公安局的人说,我是《常州日报》的。人家说你在凳子上面坐一会儿吧。我那个时候才20多岁,大学毕业才一年多,也不知道怎么跟别人打交道。我想着别人忙,那我就不去打扰。我记得那时候好像是冬天,我在那坐了一两个小时都没有人理我。后来他们都去开会了,我就一个人悄悄地走了。

当时我觉得做记者怎么这么难,不要说是采访了,连第一次到条线上去对接都不算成功,这以后的路该怎么走下去呢?当时一出公安局的门,我眼泪就下来了。回报社之后,我跟我们的主任说了这个事,我说我可能不太适合当记者。

我们领导就跟我说,当记者首先要学会跟别人打交道,你要在跟别人的深入交流中学会沟通的技巧,一定要张开嘴说话。其次才是提高你的写作水平和其他能力。

他也跟我说这个社会并不是对每一个人都很温柔公正的,你有可能会遇到冷眼,甚至也会遇到故意刁难,以后你在记者的职业生涯中会遇到各种各样的问题,但你要想办法去解决。

那次公安局对接失败之后,公安局的人也跟我打招呼了,他们不是故意冷落,只是因为忙忘了。但是第一次去采访就坐了一个冷板凳,什么内容都没有采访到,这对我的打击挺大的。

所以后来我就不断地向我们单位的那些老记者去学习,有的时候还跟着他们去采访,这样各方面的能力才渐渐提高了。这也应该是踏入社会教给我的第一课吧。

项目组:您一开始跑的是公检法条线,后来又做过经济新闻、时政新闻等,不同条线转换能学到很多东西吧?

姜小莉:对,我一开始是从校对转到记者。校对的工作只要跟文字打交道,找出文章里面的差错标点,保证文字不出错就行。但是做记者是不仅跟文字打交道,更要跟人打交道。这其实也不难,就是要不断地学习。

我最开始是跑公安条线,也有过一些比较惊心动魄的经历，比如劝服一名被欠工资想要跳楼的工人，抓贩毒、吸毒的人，解救被迫卖淫的女孩。

这样的事情挺多的，经常半夜三更陪着公安局的人去抓人，去伏击。抓到的那些杀人犯，听上去是穷凶极恶的，但是当你真正看到他的时候，有时不觉得他是多么凶的。

我记得有一次有个杀人犯，他只同意和我交谈，其他人他都不谈，我也感到挺奇怪的。后来我想，这可能也是因为我在这么多年里学会了沟通交流，也很尊重受访者们。我采访过市委书记、市长甚至更高级别的，也采访过最底层的人员。我在采访中，不管对方是谁，我都平等对待。我的受访者们也许也能感觉到我对他们的尊重吧。

我们都在转型

项目组：现在都在谈媒体融合创新、传统媒体转型，那您的单位常州日报社有没有做过转型的尝试或者探索？

姜小莉：有，我们这几年一直在探索全媒体。我们除了报纸，还要做网站，我们有手机报，还有自己的APP。我们除了给本报供稿，还要给我们的新媒体再供稿，但是目前供稿的内容差不多，可能只是方式不同。

报纸上面可能是一本正经的格式，而到了手机或者新媒体上面,就不会这么说。新媒体讲求短、快,要快速地吸引大家。新媒体可能会用一些比较活泼的语言,比如,"今天常州发生了一件大事",有可能这个就是标题,这种语言风格和纸媒的不太一样。

我们报纸专门有一批人做全媒体的编辑。除了我们自己提供文字以外,他们也会根据我们的文字做一些编辑,然后发到我们的媒体上面。其实我们也有不少媒体融合的产品,我们也会发一些抖音等。我们还有视觉中心,他们也会去拍摄。我们已经不仅是纸媒了,我们也有视频拍摄的功能,甚至还有自己的无人机等。我们报纸也会往其他的媒体、全媒体上面进行发展。

《常州日报》是传统纸质媒体,在电子信息和互联网技术的冲击下,也在不断转型。这几年,经历的最直接的痛就是广告下滑,读者群减少,这也逼得我们不得不向融媒体转型。2019年,我们开展"融合传播深化年"活动,制订《深化媒体融合发展三年行动计划》,媒体融合步伐不断加快。"融合"的威力在一次次重大战役性报道中展现得淋漓尽致。"运河常州"融媒体传播行动,整合全社资源,打破原有指挥体系,由晚报主导牵头,一批记者担纲主持人出镜。"青果巷开街"融媒系列宣传,谋定后动、先声夺人。"手绘青果巷长卷"H5产品一经推出,风靡常州。"常见常州"短视频上线2天点击量超过40万,"情义男友"视频,24小时创造了1320多万播放量。我们把"学习强国"供稿工作作为媒体融合传播的练兵场,到 2019 年末报社被平台录用稿件 240 篇,位列全市第一方阵。

姜小莉 2018 年被评为常州市"十大杰出女性"
图片由受访者提供

项目组: 能谈谈您自己在融媒体环境中的转型吗?

姜小莉: 目前我们报社的记者,每一个人都是全媒体记者,我自己也在转型、探索。因为我目前主要还是跑政府条线这一块,我自己要知道,哪些文章或者信息适合发在纸媒上,哪些不一定适合发在纸媒上却适合发在新媒体上。

每次采写新闻的时候,首先就在脑子里转,思考这个新闻是适合放在哪个媒体上面,还是每一个媒体都可以发。以及要用什么样的风格去写,因为不同媒体的新闻语言和写作框架、结构会有所差异。

项目组: 您怎么看待当下关于"新闻业危机"的一些说法?

姜小莉: "新闻业危机",其实我个人认为这个说法是不对的。新闻业,它不存在危机。新闻产业在任何时候都存在。从人类没有文字的时候,只会用语言"啊啊啊"讲话,其实这就是在传递信息;我们看《琅琊榜》,梅长苏建立的江左盟,其实它就是一个信息集散的中心。历史发展到今天,信息传播方式已从飞鸽,变成报纸、杂志、广播、电视,以及手机、电脑等多种形式。即使是手机传播,也会有音频、视频、抖音、文字、图片等各种手段。

所以说,新闻产业始终存在,只是新的传播方式会不断取代旧的传播方式。那么,对旧的传播媒介来说,就是"危";对新传播媒介来说,就是"机"。因而,我们要不断转型,寻找到新的传播方式。

我个人认为,新闻业的市场需求始终存在,而信息的传播是新闻业的核心。就看传播什么样的内容,是不是读者喜欢看的、正面积极的。只是这个传播方式,可以是多种多样的。

因此,我觉得"新闻业危机"这个说法可能有点欠妥,不如说在某一时期某一新闻媒介的危机。我个人觉得新闻业没有危机,新闻业永远是个朝阳产业。

项目组: 您从业20多年,一直工作在基层一线,有没有想过去别的岗位呢?

姜小莉: 我从没想过去别的岗位。因为喜欢这个职业,爱上这个职业,初心不改。在一线,可以接触到第一手的信息和资料,可以和不同的采访对象打交道,感受他们的酸甜苦辣,同时也让自己学会成长。人生,总是在不断挑战中历练成长。作为一名党报的记者,我始终牢记自己的责任和使命。

采访人员:龚雨彤、韩文婧、曾靖文

马道军：
新闻就是讲好故事

马道军，男，宁夏银川人，1978年出生，《南京日报》社会部记者，本科毕业于宁夏大学，硕士研究生毕业于南京师范大学新闻与传播学院。曾在山东胜利油田、中国航天科工集团八五一一研究所工作，后进入南京日报社作为一线记者工作至今。他跑过城市规划、城市管理、交通、民政、慈善等多个条口，并亲身从事慈善工作。

其参与的系列报道《南京"抗战家书"征集暨诵读"抗战家书"活动》获第28届中国新闻奖融媒创新类三等奖，除此之外，《湘鄂情建宁路店"变身"养老院》《推进消费的南京作为》等作品曾多次获奖。

马道军在访谈中　董嫣 摄

"于我的内心深处,更多地愿意关注底层的声音。就是来自基层一线的老百姓的酸甜苦辣,我可能接触得比较多一些。"

活在当下

项目组：您在创作获奖作品的过程中，有什么印象深刻的经历，这些经历对您又有怎样的影响？

马道军：《南京日报》最早一批对抗战老兵的挖掘是从我这边开始的，《南京日报》的抗战老兵报道百分之八十也是出自我这边的。

早在 2016 年，《南京日报》启动了这个"书香飘满长征路"的系列报道，我在第三届的时候获了奖。当时我们就是沿着长征路线这些地方，去给这些孩子送爱心图书。然后在送的过程当中，我们在贵州凯里出了一场车祸。司机在开车过程当中开了小差，拐弯过程中，这个车差一点就掉到山底下了，离悬崖只有 20 厘米。

那是一个跟死亡接吻的时刻，那个事件出来以后，就让我感受到，其实人的生命是比较短暂的，充满意外。你不知道今天发生什么，明天发生什么，你只能活在当下，把当下的一些人、一些事情，处理好、报道好，你的工作就能让别人认可。其实新闻每天都在发生，但无论如何活在当下、把当下的工作做好，是每一个媒体人应该记住的。

那件事情对我触动很大。回来以后,我把大部分的精力都投在公益层面上。比如说,我对于公益组织背后发生的一些感人事情,或者是需要社会关注的、需要社会关心的这些人和事,我会努力通过我的报道、通过《南京日报》这个平台发声出去,让更多的人去关心关注。第二点就是,我自己也是身体力行,自己也去做公益。我是南京市百佳优秀慈善义工,闲暇之余就去做义工,到福利院、孤儿院去给这些老人、孩子送去欢乐和温暖。我觉得在做公益的同时,实际上自己的新闻理想和新闻价值也得到一定的呈现和升华。

项目组:您在《南京日报》工作的这些年头里,对记者这个工作是否有了新的定义?

马道军:2011 年一次机缘巧合,我放弃了事业编制,来到了《南京日报》,从一线新闻记者做起来一直到现在。

我跑的条口一直比较多,从最初的城市规划,到城市管理,就是城管,然后到交通、大交通、小交通,比如说你们经常讲的公路、铁路、航空,还包括地铁,甚至大家日常关心的供电、供气、供水,这些条口我都跑过,但是时间并不是特别长。

跑的时间最长的就是从 2012 年之后接手的那些条口,比如说民政。民政可能更多关注两个层面,一个是养老，一个是救助。另外还有残联，就是残疾人。以及一些像消防、应急管理、公益慈善之类的。我这几年一般就是在慈善的领域接触比较多，所以你们看到我获得的中国新闻奖《诵读抗战家书》，其实是公益慈善的一部分。

所以我说我现在的身份一方面是媒体的记者，另一方面也是作为一个公益人，在社会上做一些自己力所能行的事情。比如说，我跟朋友一起发起成立了儿童保护的基金会。我还在一些老龄事业发展机构里面担任专家顾问。反正更多地利用媒体，把社会中的这些弱势群体，尤其是老弱病残这些群体，通过自己的笔、自己的口传播出去，让更多的人知道他们，了解他们，然后帮助他们。

新闻就是在讲故事，而且要讲好故事

项目组：能与我们分享几个让您印象深刻的新闻故事吗？

马道军：印象深刻的其实挺多的，一个案例就是我刚刚从事经济报道，那个时候我在高温天气下去采访雨污分流的工人。当时工人都是在地下十几米二十几米，我是跟着他们一起去体验生活，看他们怎么去焊接井管，怎么去把雨污分流的工程做好。

我当时感觉上面的温度有三十八九摄氏度，地下的温度都四十多摄氏度了,但他们还在挥汗如雨地工作。在这种环境下,他们并没有怨天尤人,更多是说一要把工作做好,二在闲暇之余能够跟自己的父母,跟自己的孩子打打电话、聊聊天,他们觉得这就是幸福。

其实普通老百姓对冷暖要求并不高。所以我觉得我把他们的声音发出来以后,便会让更多的人知道社会上需要这样的人,社会上也需要更多人关心、关注、爱护他们这些人。

还有个案例,关于直接帮助的一些人,就是在2017年的时候,我们《南京日报》做了一个系列报道《你若不离,我必不弃》,就是讲的南京一个十岁的尿毒症孩子,因为家里特别贫困,没有精力没有钱去给这个孩子治病了,无奈之下这个孩子的妈妈就准备拔掉管子,拔掉管子对一个十岁的尿毒症的孩子就意味着她只剩二十几天的生存期。

当时那个孩子的妈妈对小孩说,孩子,我们没钱救治了,我们拔掉管子回家吧,就十几天,你想过什么样的生活,妈妈都能满足你。这个孩子说了一句话就是,我想多喝水。

因为大家知道一个患有尿毒症的孩子,每天不能多喝水,多喝水会使她全身浮肿的。就这么一个孩子,我们在一个公益组织的群里叫"博爱之家爱心妈妈群"里面发现了她。而后我们《南京日报》牵头,做了一系列的报道,最后专门成立南京日报慈善基金,跟慈善总会去沟通合作，三天之内募集了大概几万块钱，送到这孩子这边，由慈善总会进行发放，供给她的生活费。当时还有这个"博爱之家爱心妈妈群"，再加上她的医疗救助金，这个孩子目前为止还在健康地活着。

尽管我们知道这种救助是微不足道的，但是能救活一个人或者说能让这个孩子在这个世界上多活几天，其实就是我们最大的欢乐。

这些故事实际上对于一个记者来说，也是职业操守和记者新闻价值的一个呈现和体现。因为记者这个职业不仅仅是养家糊口，更多的是可以发挥自己的社会能量和社会能力，用一句话说，"铁肩担道义，妙手著文章。"去把社会的一些民生疾苦通过我们的口反映出来。这一个个生动鲜活的案例，我觉得可能对我来说印象是比较深刻的，因为我比较愿意写故事，我觉得新闻就是在讲故事，而且要讲好故事，讲能够弘扬正能量的、能够体现社会真善美的好故事。

项目组：在您的从业生涯中，有没有受到过一些人生导师或者职业偶像的影响？

马道军：我觉得不能叫严格意义上的人生导师。其实每个人生的发展阶段都有贵人的相助。我先是从事新闻，接着转行做党委工作，然后又做新闻。我以前的一个老师，也是现在跟我关系很好的一个老师，对我的影响比较大,就是南京师范大学的方晓红教授。

我之前在保密单位工作,我的性格又是属于比较外向的,为此方老师说,如果你想实现你的新闻价值和理想,那你可以尝试去从事真正的新闻,到新闻单位去。然后我就去从事新闻了,然后就到了《南京日报》。

第二个贵人,实际上就是我的经历。我觉得人的经历是一种财富。因为我的家庭跟一般的家庭不太一样。我是从西北农村然后一路上学到现在的,当时上学的艰难和困苦其实到现在都历历在目。而且我的父亲,从二十世纪八十年代就在外面打工,打了三十多年,快七十岁还在外面打工。

父辈的经历让我更多地去认识到现在普通老百姓他们生活的不容易,所以到了媒体以后,我是有意识往这方面去靠。因为在媒体而言,公益并不算是一个条口,它是你工作之余的一个延伸。

《南京日报》的公益报道,以前几乎是一个碎片化的,但是现在慢慢地在我们的这种报道之下有一定的系统化的呈现。比如说助老为小,慈善疾控协调和专业综合这方面的公益,在《南京日报》不同的时期、不同的版面上都有不同的呈现。我相信天道酬勤。

严格意义上,我觉得方老师是我的一个引路人,而我的人生经历是让我能够一直坚持走下来的一个重要的原因。

项目组：之前看您写过很多关于社会特殊群体的新闻作品，而且您写的新闻作品类型也很多。那您觉得您更倾向于哪一种？

马道军：其实作为一个媒体工作者，谈不上倾向于哪一种类型，因为对于我们来说，任何稿件、任何采访我们没有理由去拒绝，我们都要去采访，但是于我的内心深处，可能更多地愿意关注底层的声音。就是来自基层一线的老百姓的酸甜苦辣，我可能接触得比较多一些。

我的新闻作品谈不上什么风格，基本上就是写实的东西比较多，换句话说就是故事性比较强，直白的东西比较多一些。我在《南京日报》承担的深度报道和专题采访任务是比较重的。深度报道，通常情况下是国家的，或者是政府的方针政策的贯彻解读，包括对某一个问题的认识，深度的呈现写得比较多。所以说我给自己定位的是一个研究型的记者，不是一个普通的记者。

"打铁还需自身硬"

项目组：您觉得采访中最重要的是什么？

马道军：谈不上最重要，但是我觉得最基本的有两个层面。

第一个层面就是脚踏实地，不能好高骛远。因为我们要根据每个采访对象，去给他设置话题，让他打开话匣子，让他把内心深处我们最需要的东西呈现出来。因为作为一个记者，你跟采访对象是平等的。我跟市领导采访，是以一个平视的视角去跟他沟通交流；我跟弱势群体，跟那些低保的、流浪乞讨人员，同样也是以一个平视的视角去采访。大家在一个平等的条件下去交流是最重要的。

第二个就是你的采访一定要建立在事实的基础上。我们常说，在现有的情况下，你可以对某些事件提前进行有目的的策划，但是你的策划一定要建立在事实的基础上。包括你呈现出来的作品，一定是基于事实的，而不是严重偏离事实的。

至于说其他的，你的写作、你的文笔，其实都是后话。

马道军在访谈中　董嫣 摄

项目组：您一直提到新闻理想，那您的新闻理想具体是什么？

马道军：新闻理想这个东西，如果是从宏观层面上说，它不外乎就是那10个字吧，"铁肩担道义，妙手著文章。"可能所有新闻从业者的新闻理想都是这样的。从中观层面说，就是要把你肩负的责任和当下的时代环境做一种有机的融合。从党报层面来说，就是要在党的方针政策和人民的切身利益间发挥上情下达、下情上传的作用。如果从微观来说，就是要把每天的新闻、每天的活动、每天的报道都写好，要呈现给读者的是你最优秀的一面。新闻理想，我觉得可能更多的是坚守吧。因为时代的发展太快了，几年就是一个门槛。

比如说我2011年到南京日报社，那个时候还是纸媒相对繁荣的一个阶段。但是2012年以后，网络媒体，包括现在的手机媒体，其实已经把传统媒体冲击得七零八落。传统媒体更多的是在一种坚守，是在内容为王的基础上如何做有价值的、高质量的新闻报道。

项目组：在自媒体的浪潮下，您觉得现在专业记者的自身价值应如何体现？

马道军：自身价值我觉得还是两个，一个就是"打铁还需自身硬"，因为我们只能去适应这种新媒体，如果你不去适应的话更多的就是淘汰了。所以说，在坚守传统媒体主阵地的基础上，你可能更多的要学习新媒体的传播手段、传播技术、传播方式、传播渠道等。你要去学，主动地去拥抱新媒体，然后把新媒体的这种短、新、快跟我们传统媒体做一个深度的有机融合，我觉得这是一个重要抓手。如果说你能充分运用新媒体，你自身又有很强大的实力，我想你不会被时代淘汰的。

第二个还是要抓住机遇。现在机遇已经非常重要了，特别是对一个中等年龄的，比如说"70"后、"80"后的记者。因为机遇对每一个人说是公平的，但是对新闻行业来说它是特殊的，新闻是吃青春饭，你的精力是有限的，你年龄越大，跑动能力就越弱。你可能更多的就是要在这个机遇面前找准你的突破点，或者说你能做什么、愿意做什么、要做什么，这个一定要清楚。如果这个时候跟年轻记者去拼一线新闻，拼短、新、快的东西，你肯定跟不上他们。那你可以更多地通过你的社会阅历，通过这种深度让更多的人知道你。

项目组：您怎么看待当前有关"新闻业危机"的提法？

马道军：其实这个新闻的危机包括传统媒体的危机一直存在，但是危机与机会是并存的。每个人身处在这个新媒体时代都是有危机的，就看你怎么去应对了。其实我还是一直信奉实力决定一切。你在危机面前怨天尤人都是没有意义的,只有把自己做强,拥抱这个大环境,才会出现转机。

项目组:您认为媒体发展的前景会是何种样貌?

马道军:我只能从我个人的基础上来说,可能以后是一种融合发展的趋势,一种"你中有我,我中有你"的趋势,一种互相追赶的趋势。因为媒体上的这种改革,包括媒体的发展,我只能用两个字——激变,非常的快,可能一年一个样态,两年就有一个新的变化了,你只能去适应。但是有一点是不变的——内容为王,其他都是载体。以后就是有机器人去写稿也是建立在内容的基础之上的,如果你的内容不够硬,不能足够吸引人,那么你的新闻永远都是立不住脚的,或者说是永远没有深度的。

采访人员:龚雨彤、石月、董嫣

刘娟:
紧跟互联网发展趋势

刘娟，女，江苏南京人，1986年生，2008年毕业于上海师范大学编辑出版专业。2008年在上海《中国中学生报》工作，2009年5月进入江苏省广播电视总台工作。现任江苏广电融媒体新闻中心网络传播部主任助理。做过网络编辑、网络新闻主管、网络电视台内容中心主任等，有着丰富的网络新闻创作经历。

主创的网页设计作品《不忘历史矢志复兴——南京大屠杀死难者国家公祭日》荣获第28届中国新闻奖一等奖，主创的新闻作品多次斩获江苏省网络好新闻、江苏省媒体融合优秀作品奖等奖项。

刘娟在访谈中 韩文婧 摄

"媒体融合其实不是新媒体和传统媒体的融合,而是传统媒体上的所有内容的互联网化,几乎不分是新媒体还是旧媒体的,因为所有的媒体都必须在互联网上面运行。"

在历史中挖掘新的时代内涵

项目组：您能分享一下《不忘历史矢志复兴——南京大屠杀死难者国家公祭日》（网页设计）这个获奖作品的创作经历吗？

刘　娟：2017年是侵华日军南京大屠杀80周年，这对于南京来说是一个大事件，我们是省属媒体，在以南京为中心的主题上，是必须做点什么的。当时我们的脑海中有一个界定，就是要做出一种对比冲突的感觉，尤其是当年和现在的对比和冲突。现在的眼光一方面是尊重历史、正视历史，另外就是从历史中获得启示，给现在一些启发，我们是立足于这样的一个思考点和出发点。所以我们整个的设计思路是努力呈现出一种强烈的对比冲击，那个网页的左侧是当时的南京的还原，与现在的南京，形成一个和平与战争的最直观的对比。

我们这个网页是12月上旬上线的，前前后后从策划到上线再到内容的运营，一共一个多月到两个月的样子。

项目组：作为一名新媒体工作者，在媒体融合的大环境下，您有过什么挫折或失败的经历吗？

刘　娟：我们部门，其实一直是江苏广电在新媒体工作和媒体融合工作方面的一个排头兵，也是做了很多尝试，当然也有很多失败的东西。比如说曾经流行过的社交电视类的产品，但是后来这个产品大家都没有做起来。因为大家发现社交这个事情，根本不需要到你的平台上去社交。我们国家的几个头部的社交产品，已经把社交的份额和阵地全部拿走了，你的社交网络都不在我们设想的软件上面，你并不需要跟你不熟的人聊天。你跟别人聊天无非是两个维度：一，你们在兴趣上是趋同的，比如说国内的粉群，它就是一个以兴趣趋同来聚合的一个社交网络；另外一种就是三次元，你们已经建立了这样的关系。你不需要跟这两个圈子以外的人进行兴趣上的聊天沟通。所以那个产品就算是失败的尝试。

以前我们台还做过一个手机电视形态的产品，叫CMMB。CMMB是用手机看电视，它需要给手机装一个类似于像收音机的那根天线，用来接收一个固定波段的信号。这个后来也以失败告终，因为它对设备的要求太高了。

项目组：在融媒体发展的过程中，您又经历过哪些比较重要的时刻呢？

刘　娟：还挺多的。比如说在2010年1月1日，我们是首次以网络电视台测试版的这个平台，在网络上直播了江苏卫视跨年演唱会。那时候跨年演唱会这个概念还非常新鲜，用网络直播也很新鲜。我们是全国第一家用"微软的银光"技术（Silverlight），如果它检测到你家的网宽带很快，就会给你加载高清的码率，如果检测到你家的网络环境不好，就会给你加载清晰度比较低的。它的目的是保证不要卡顿，就是在无论什么样的画质下，你的播放都是一个流畅的状态。

第二个点就是在2010年，我们有一个非常火的节目《非诚勿扰》。《非诚勿扰》的开播是年初一月份左右，我们那时候在做论坛。比如说我设置了很多讨论版，刚开始肯定是没有人来的。《非诚勿扰》的讨论版当时是被定位为情感类的，我们自己的编辑团队就在天涯这种论坛找了很多帖子放到那边。后来节目播完以后，我们的论坛的所有收件箱都被挤爆了，有很多人到我们的帖子上面去留言。我们的江苏网络电视台，是随着《非诚勿扰》起来的，因为有大量的人通过网络直播来看这档节目。所以那个时候是一个高速发展的时期，这也是一个印象很深很重要的一个节点。

另外，还有一个节点，就是2017年江苏发展大会。

江苏发展大会的云平台是我们这边建的，我们当时是用14天做了这个云平台，应该也算是非常有纪念意义的，等于说是最快时间内建立的。

刘娟在访谈中　韩文婧 摄

项目组：您能谈谈对媒体融合发展的理解吗？

刘　娟：我们2012年做全媒体新闻联动平台。那时候我们台其实就已经想到了，记者不能只是单纯的传统媒体记者。当时，我们跟电信合作，搞了一个全媒体记者的招募。台里面所有板块的记者，如果你对这块感兴趣，都可以来报名，一共招募了120个人。这120个人我们给他们配发了iPhone4S，这在当时还是比较先进的设备，让他们用来优先给网络传稿。在完成他本职工作的情况下，优先给网络传稿，给他发稿费，还设置排行榜。每个月都有排行榜,如果谁发的最多,谁的点击量最高,就给他发奖金。

另外一个就是2013年,荔枝新闻客户端上线。因为那时候,我们台领导就发现,其实在当时传播的主要途径和阵地已经发生变化了。比如说大家在饭桌上讨论一个事情,很有可能是你的手机收到了一条Push(弹窗推送),然后你就知道这个事了。传播的渠道发生了变化,所以当时我们台就决定要做这个新闻客户端。我们是3月立项,8月上的线,也是全国省级广电的第一个新闻客户端。

在2010年往后的这个阶段,互联网发展的进程是随着硬件发展的进程走的。像我们做新闻客户端的时候,比如说智能手机,所有的导航菜单都是在侧边的抽屉里的,因为那时候屏幕短,还是iPhone4,如果上面一个导航、下面一个导航,中间就看不到东西了。所以大家都把导航收在左边的抽屉里。但为什么现在看不见抽屉了?因为硬件发展了,屏幕都长啦,所以你把东西放在下面大家不会觉得很紧。整个媒体融合的进程,它最基础的一定是随着技术的发展、硬件的发展来的。所以媒体融合其实不是新媒体和传统媒体的融合,而是传统媒体上的所有内容的互联网化,几乎不分是新媒体还是旧媒体的,因为所有的媒体都必须在互联网上面运行。

自媒体浪潮中专业记者的价值与优势

项目组：说到做新闻，您会在流量和内容间做一些权衡吗？

刘　娟：我觉得首先是你做新闻，如果能在影响力和流量之间找到平衡，自然是最好，但是很难。比如说我们之前做杭州女童失联的报道，其实在当时流量非常大。我们当时也在思考一个问题，就是如果你只是放大，到最后可能一是它没有真正的结果，二是所有的导向都指向这是那两个人的封建迷信活动。如果你只是一味地挖掘真实，我觉得受众看得的确很爽，但是他们并不能从中获得什么。

所以我们后来考虑的是，所有这样的社会新闻，你在报道真实的同时，要做一些引导和思考，比如说这样的引导可能是对未成年儿童的保护，包括一些对于留守儿童生存环境的一个思考，包括怎样推动未成年人的保护等。这可能会往一个更有价值的方向，做一些引导、思考和评论。如果说现在不追求流量，我觉得不太可能，你说我只做曲高和寡的东西，也不可能，因为你生存不了。但是不能一味地追求流量，一定要在追求流量的同时，一直探求真相、获得思考，以推动问题的解决。

项目组：在自媒体的浪潮下，您觉得专业记者的价值是什么？

刘　娟：自媒体的兴起，意味着内容生产的边界已经消失了，原来内容生产就是记者、编辑的活，和作者的这个工作，它是有框的，只有这些人能做这些事儿，而现在是所有人都能干这些事。

但其实他们之间能干的事也是有差别的。比如说，你在自媒体上，你会关注的那些是什么？一类是垂直类的，比如说医疗领域，你会关注"丁香医生"，科学领域的，你会关注"科学松鼠会""果壳"之类的。垂直类内容生产的边界肯定是越来越大，因为这类只有在这个行业内的人和具备这个行业知识的人才能做，它其实已经主要不是记者做的事情了。第二类就是泛资讯类的，泛资讯是没有门槛的信息。

那么记者的优势在哪里，记者的专业素养在什么？一定是长远类的信息。如果我是普通的一个内容生产者，我可以在路上看到并记录一棵树倒下来的这个过程，但是我不太可能去研究这棵树为什么倒下来，我也不太可能十天后再回到这个地方看一下倒下来的这棵树有没有长回去，或者是它地下的土有没有问题，这棵树倒下到底产生了什么样的影响。所以，这块就是记者后面应该发力的方向：深度。调查、来龙去脉的溯源，包括以此衍生的影响辐射，我觉得这是记者的优势所在，也是记者的专业。

项目组： 您觉得新闻行业发展前景怎么样？

刘　娟： 新闻行业的发展前景，它的边界在扩大，它从新闻行业，就是我们现在所说的内容生产，变成广义的内容生产行业了。竞争也是越来越激烈了，记者的优势已经逐渐消失。其实原来记者的优势并不是他们的专业优势，以前很多记者的优势是只有他才能干这个事儿，现在他的这个优势已经丧失了。所以，一方面要提升记者在新闻操作上的专业优势与技能，另一方面就是找到记者们的垂直领域，在垂直领域上做一些探索，否则那些泛泛的很容易就被淘汰了。

采访人员：石月、龚雨彤、董嫣、乔雅萱、韩文婧

任松筠：
作为"时代瞭望者"的社会责任感

任松筠，男，1971年出生，1993年从复旦大学中文系毕业后进入新华日报社工作，曾从事对外宣传及教育、时政、法治新闻报道，目前任新华日报社交汇点首页编辑部主任、新华云媒总编辑，高级记者。他是江苏省第五期"333高层次人才培养工程"第三层次培养对象、第四批江苏省新闻出版行业领军人才、江苏省有突出贡献的中青年专家、江苏紫金文化英才培养对象。

他参与创制的作品《6397公里的守护》《听·见小康》及编辑作品《跨越80多年的守望相助！南京捐赠抗"疫"物资驰援拉贝后人》获中国新闻奖，他参与的作品连续两年入选中国报业深度融合发展创新案例，他还多次荣获全国省市区党报新闻奖、华东九报新闻竞赛奖、江苏新闻奖、江苏省报纸好新闻奖等，他所在的新华日报社交汇点首页编辑部荣获"江苏省工人先锋号""全省抗击新冠肺炎疫情先进集体"等称号。

2015年11月7日,任松筠在新加坡香格里拉酒店报道"两岸领导人会面"

图片由受访者提供

"作为'时代瞭望者'的社会责任感,我觉得是记者这个职业存在的最大理由,也是记者社会地位难以被替代的一个坚实基础。"

旦复旦兮，情系新华

项目组： 您是如何走上了新闻这条道路？

任松筠： 我是20世纪80年代末的大学生，1989年考进复旦大学中文系读书，1993年毕业。当时高考的时候，实际上我报考的是复旦大学新闻系，但因为志愿调剂选择了服从志愿，后来就被调剂到了中文系，所以我一直有一个从事新闻事业的梦想。

1993年毕业的时候，我们主要是通过两种途径就业，既可以自己去找工作，也可以学校帮你分配。当时说实话也有其他的一些机会，比如说毕业的时候可以进入党政机关等。但是因为我一直怀着进入新闻业这样的一个梦想，再加上我曾在1992年到《新华日报》来实习了几个月，当时实习的感觉非常好，一方面学习到了很多学校里学不到的东西，毕竟我当时学的是中文，到报社之后便可以接触到很不一样的知识内容。同时，《新华日报》的环境令我感到非常满意，大家都非常积极努力地工作，并且一直保持着老同志带领新同志的优良传统。所以说在毕业的时候几乎没有任何犹豫，我就选择了到《新华日报》工作。

在《新华日报》也经历了几个部门的调动,刚开始是在对外宣传部门,后来调至科教部,之后是政法部、全媒体时政新闻部,从 2019 年开始我便来到了目前所在的交汇点首页编辑部,也就是新华日报社的新媒体部门。总而言之,从 1993 年工作至今已经将近 30 年了,这近 30 年我都是在《新华日报》度过,一直在从事新闻一线的工作,无论是对新闻事业还是对《新华日报》都怀有很深厚的感情。

项目组:谈到新闻生涯,您是否能回忆起第一次正式采访的经历?

任松筠:1993 年 8 月份我来《新华日报》正式上岗,我印象还是非常深的,报到之后没几天就到了江苏常州溧阳县去采访,是跟着我们部门的领导去企业调研采访。

回来之后报社让我独立写一篇稿子,尽管我在《新华日报》也实习了好几个月,但这是第一次独立写稿子。我印象非常深刻的是那篇稿子写出来完全不像消息,而是像一篇散文,就是说尽管我已经参加工作了,但还写的是不合格的作品。我们部门领导帮我改了稿件之后,我这才真正了解原来新闻是这样写的。从那以后我就暗下决心,因为我不是学新闻出身,所以我在新闻实际操作的业务层面应该比别人下更多的功夫,花更多的精力去钻研、去学习。也正是因为第一次的不成功,我放下了名牌大学毕业生的这样一种光环,调低了自己的心态,更加脚踏实地去学习和钻研,这对我后面的职业生涯的成长来说应该还是很有帮助的,毕竟一切都需要自己一步步的学习和亲身实践,然后业务水平也逐步提高。

项目组:能谈谈您以往新闻工作中的高光时刻吗?

任松筠: 说高光时刻也好,或者说是给我印象深刻的时刻也好,我可以分享一个。

在2020年的11月6日,我到北京人民大会堂,代表我们的团队领了中国新闻奖。我们的互动作品《6397公里的守护》,荣获第30届中国新闻奖新媒体创意互动的一等奖。作为团队的代表,我到北京领奖,这个激动时刻对我而言肯定是印象非常深刻的,因为这个中国新闻奖一等奖既是我所在的交汇点第一次荣获中国新闻奖,是交汇点新闻"零"的突破,也是我本人职业生涯的第一个中国新闻奖,更是全江苏省第一个媒体融合类的中国新闻奖一等奖。用省委网信办领导的话来说,这个一等奖是具有里程碑意义的。

还要说的是,我们2020年获得中国新闻奖一等奖之后，2021年另外一件作品《听·见小康》同样也获得了中国新闻奖融合创新的一等奖，这也是我们连续两年获得了中国新闻奖一等奖，在江苏新媒体领域应该是绝无仅有的，即便放在全国的省级党报客户端当中也是很罕见的。

天翻地覆，日日自新

项目组：您刚进入新闻业的时候媒介环境是什么样的情况，当今的媒介环境和之前相比又有什么样的变化？

任松筠：我是20世纪90年代初参加工作的，当时的新闻传播领域用"两少一无"来概括最适合不过了。何谓"两少一无"，第一个是报纸很少，即新闻媒介很少，第二个是记者很少，新闻采访生产者很少，因为本身新闻单位也没那么多，"一无"就是指没有网络，更不谈高度发达的网络。在当时那样的环境下，人们对新闻工作就非常陌生，甚至感到很神秘。

比如当时我们省级党报的记者到基层去采访，我年轻的时候也经常到市里县里甚至到乡村采访，光省级党报记者来了这件事在县里、村里就可能成为一个小小的新闻事件，大家很快都会知道这件事。我印象很深的是，当年很多读者把《新华日报》当作红头文件来看待，有读者会拿着《新华日报》找有关部门说，党报都登了，

任松筠在北京人民大会堂参加第 30 届中国新闻奖颁奖大会
图片由受访者提供

你们怎么没有执行、没有去做。以上说的就是当时的这样一种媒介环境。

　　现在这个时代大家有目共睹，也就是信息时代、全媒体时代。不但现在报纸比以前多了很多，更重要的是网络媒体、自媒体崛起了，随之而来的便是资讯的传播渠道日益丰富，扩散能力也日益强大。所以我们经常说新闻就在每个人身边，每个人都是记者，人人手上都有麦克风，每个人都可以通过微博、微信、抖音这些网络平台分享图片文字视频，包括发表观点。相比之前更多的话语权掌握在能够出版发行的报纸或者广播、电视这些媒介手中，现在确实人人都可以发声、传播信息，进而会影响人们对于某些事件的看法。所以最近我们一直在说"舆论格局发生了深刻的变化",包括我们报纸在内的传统媒体正经历着一场前所未有的变革。

项目组: 您所在的新华报业在从传统媒体向新媒体过渡过程中,是以什么样的姿态去面对媒介变迁和媒体融合的?

任松筠: 当前不管是从国内传媒的发展形势还是从省内媒体竞争态势来看,推进媒体融合、加快媒体转型都已经是百舸争流、千帆竞发。业界都有这样普遍的感受,包括我们媒体单位内部的人也认为:晚融不如早融,慢融不如快融。所以,谈及推进媒体融合,我们新华报业传媒集团一直以非常积极的姿态,同时怀有一份使命感和紧迫感。

早在 2015 年,我们就建立了媒体融合创新试验区。同年 11 月 17 日,我们的交汇点新闻客户端上线,可以说是我们当时媒体融合的一个创新之举。2017 年,我们迈出了非常重要的一步。当年 11 月份,《新华日报》、交汇点重设组织架构,再造采编流程,将"报"和"端"彻底打通,实现了一体化的运作。当时实行了三个原则——全媒体报道,移动优先;突发事件报道,舆情优先;重要线索,发现记者优先。这一次推进媒体深度融合,我个人觉得可以称之为《新华日报》的第二次创业。2020 年 1 月份以来,新华日报社又进行了一项以考核制度为导向的改革,进一步实质性推进了媒体的深度融合。《新华日报》的各全媒体采访部门分别对应一个交汇点新闻的频道,这些频道完全由全媒体采访部门负责运营,记者奖金的60%来自向交汇点发稿数量和质量的考核,由此真正达到报纸和客户端"你就是我,我就是你""合二为一"的要求。

技术赋能,坚守价值

项目组:您认为在媒介变迁过程中,技术因素对新闻工作产生了什么样的影响?

任松筠:我到《新华日报》新媒体部门工作两年多的一大感受是,新媒体的产品是多工种团结协作的产物,一件新媒体作品往往是文字记者、摄像、剪辑、设计,还有相关技术人员等多个工种通力协作的产物。我个人觉得,新媒体具有"一体两翼"的显著特征,其中"两翼"指的就是内容和技术,二者都是新媒体中不可或缺的翅膀。新媒体本身的生产过程就要依托技术,同时相关技术的赋能给我们新媒体产品的创作,应该来说会带来巨大的裂变效应。没有技术的创新,没有新技术的不断赋能,我想新媒体的产品就不可能会日新月异,更不会给用户不断带来崭新的感受。因此,技术在媒介变迁过程中一直是扮演着一种不可或缺的重要角色。

我们肯定是要不断借助新兴技术，比如大数据、云计算，包括目前流行的"区块链""元宇宙"等，最终来满足新媒体新闻报道的需求。但是与此同时，我想新闻生产的过程还是需要专业素养的培养，比如机器人写稿就是一个典型案例，我个人觉得机器人可以写一些常规的新闻，包括地震等在内的一些突发事件，但是一些深度观察类的报道，需要反映个人立场观点的报道，总而言之就是有深度、有高度、有温度、有热度的新闻报道，机器人写稿是无法替代专业记者来完成的。

所以，像上述类型的报道我觉得还是要靠经过多年专业训练的记者来采访和写作。因为我觉得经过多年专业训练的记者，至少有 7 个必备的素养，也是机器人写稿等生产方式所不能替代的，比如说发现线索、现场观察、有效沟通、择要记录、把握重点、客观分析和合理取舍，这些专业素养的养成并非一日之功，尤其是专业记者的另一大优势在于精选，就是说经过审慎的专业判断，努力克服网络媒体鱼龙混杂、泥沙俱下的缺陷，达到去伪存真、去粗取精的效果。我觉得未来新闻从业人员在充分利用好新技术的同时，也必须要坚守相应的职业道德和职业素养。

更重要的是，作为"时代瞭望者"的社会责任感，我觉得是记者这个职业存在的最大理由，也是记者社会地位难以被替代的一个坚实基础。

项目组：您如何看待媒介变迁背景下传播语态的变化？

任松筠：随着媒介环境的变迁与发展，传播语态也是会逐渐改变的，并且会变得更加亲民，更加年轻化，当然这是非常有必要的。

我在传统报纸行业工作了很多年，有 10 年时间是从事时政新闻报道，应该来说严谨严肃是当时报道的主基调，但随着新媒体的发展，新闻报道的表达方式也发生了微妙的变化，变得更加生动，更加接地气，利用更多的网言网语，更多以用户喜闻乐见的方式来传播。

我们一直在讲新闻信息的传播到达率，这也要求我们不能自说自话，而是要更多地让我们有正能量的、能体现核心价值观的新闻产品与读者见面，让更多的受众能接受，而且要入脑入心地接受，并非泛泛的阅读。所以，在信息传播方面，我们确实要向一些市场化的网络平台学习，让我们的新闻信息既有正确的价值导向又带来良好阅读体验，我们必须通过新的话语体系来丰富我们的传播形式和手段，比如我曾和同事们一起办过一个公众号，叫"北京西路瞭望"，我们的初衷就是突破传统稿件的话语体系，我们的原创稿件表达方式要更加鲜活，更加接地气，更容易被网民所接受，当然我们在这方面还要更多地学习。

采访人员：陆地

贾威：
新闻人应与国家记忆同频共振

贾威，1982年出生，2005年毕业于南京师范大学新闻与传播学院广播电视编导专业。现任江苏广电总台融媒体新闻一部特聘编辑，采访二部主任。

在汶川地震、玉树地震、雅安地震等重大灾难面前，他不畏困难，冲在一线。2020年初，他作为江苏广电总台赴湖北报道团成员，于武汉疫情最严重的时候，在当地工作45天，发回大量报道，被评为"2020年江苏省新闻宣传系统新型冠状病毒性肺炎疫情防控工作先进个人"。

作为主创，他参与了新中国成立70周年、建党百年、改革开放40周年、"3·15"消费者权益日、"6·5"世界环境日、"12·13"国家公祭日等多个新闻行动和大型直播。2020年，他被评为江苏"紫金文化人才培养工程"文化优青培养对象。

贾威在西藏山南地区浪卡子县普玛江塘乡报道
图片由受访者提供

"我的新闻理想即是将个体的职业生涯与国家历史决定性的发展瞬间紧密联系在一起,可能这个瞬间不会记录下我的名字,但我在见证着历史、记录着历史,并推动着历史的进步。"

新闻人：见证者，参与者，推动者

项目组： 您能否分享一下自己在广电业的浩浩征途中从求学到求职的经历？

贾　威： 我能走上广电之路算是机缘巧合，并不完全是我从小对新闻有多么憧憬抑或有多少新闻理想，我更多是视之为一种自我发现、自我历练的过程。小时候，父亲跟我说，记者是无冕之王。从那以后，这句话一直挂在我耳边。

高考那一年，恰逢南京师范大学广播电视编导专业第一年招生，我认为，这个专业虽然不完全是新闻，但它是一个能让我走进电视、走进与新闻相关行业的很好的途径。所以当时我果断报名了，经过面试、选拔，层层筛选，顺利进入了南师大。

求学过程中，南师大整体的教育体系，包括各位导师们对于新闻的独特见解和学术建树对我影响很大。当时很多老师本身都是新闻从业者，耳濡目染之下我对广播、对电视逐渐形成了更加系统的认知与判断。与此同时，不断试错中，我也对自己未来的发展方向有了更深刻全面的理解，包括到底是走新闻的方向还是走综艺编导方向，总之慢慢发现自己的特质。于我而言，我在学习实践过程中比较注意锻炼自己的新闻敏感度，最终发现自己其实是更贴合走新闻方向。

毕业前，我回老家镇江电视台学习，当时是在教育频道的新闻栏目。而后，江苏电视台新闻中心发布招聘信息，有个叫《有一说一》的栏目开办，我和我同学就去了。正是这个栏目承载了我们太多的青春，许多要好的同学最后都成了同事，我们可以说把课堂一直延续到了工作岗位上。

项目组：能与我们分享下您职业生涯中的高光时刻吗？

贾　威：我认为，一个记者如果有高光时刻，那么可能并非其斩获某一奖项的某一时刻。只有他在工作中与社会、与国家、与世界重大事件紧密结合在一起的时候，才是他真正的高光时刻，或者说是他自我价值体现的时刻，因为那是他将记者的职业光芒放射到最大的瞬间。

反观自我，我认为自己的高光时刻是十几年来与国家与社会联系结合在一起的那些时刻。比如说汶川地震，当时我们亲临一线，第一时间传播灾区的信息，传达党和国家包括全国各省市区对于灾区的救援与帮助。我想这样的时刻，当你之后再去回忆，你不会记得你获得过多少奖，也不可能记得多少细枝末节，但当你回忆起国家、社会历史的时候,你会猛然发现自己其实已经与国家、社会的历史紧紧联系在一起,这样一个时刻你才会真正体会到作为记者的成就感。除了汶川地震,还有玉树地震、雅安地震,包括北京奥运会,包括南京青奥会,包括江苏人征服七大洲的最高峰,这些都是我认为最值得我记住的高光时刻。

大约从十年前开始,我们新闻中心一直在坚持做"6·5世界环境日"的系列直播,每年的直播三至六小时不等,由我作为主创来操刀。习主席说,"绿水青山就是金山银山。"我认为这虽然是一个主题类的直播,但意义非凡,因为它记录着我们省、我们国家在环境问题、环保意识上所取得的改观,记录着我们所生活的这个世界上环境的变迁。该直播项目在2019年获得了中国新闻奖直播类二等奖,这或许也是我的高光时刻之一,但我更认为这个奖项是对你这么多年来扎根、思考、专注于一件重大题材的认可。包括这么多年来,我们也一直在坚持每年做国家公祭日的直播,做"3·15消费者权益日"的直播,我们所做的直播本质上都反映出我们国家与社会这些年来所呈现出来的新变化、新发展,在这过程中我们既是参与者,也是见证者。此外,对于记者来讲我认为还有一个很重要的点即是你也需要充当推动者的角色,能参与并推进我们国家的发展进程、社会进步、环境改善,这无疑将成为一个能够引以为豪的人生的亮点。

媒介变迁波谲云诡，新闻内涵始终如一

项目组： 您当初刚进入新闻业时是一种什么样的媒介环境，对比之下，当前的媒介环境又有何变化？

贾 威： 我是2004年年底去江苏电视台工作的，将当时的情况与现在来比较，其实已经发生了翻天覆地的变化。

首先是规则、制度层面，所谓的"新闻娱乐化"最疯狂的年代就是在2004年前后，媒体界甚至出现了一系列拿新闻事件来戏说或改编的乱象。"新闻娱乐化"之风的盛行，直接导致了各大媒体对于新闻事实本身要求的弱化，而对于新闻外在表现形式与表达方法的追求更有偏颇，当时甚至还出现了追求传播效果而不惜牺牲新闻真实的情况，比如北京"纸包子事件"，用纸箱子来充当包子的馅，后来被揭穿原是一场彻彻底底的新闻骗局。

另一个是传播手段方面，和现在相比，在没有微信、微博、B站、抖音的年代，我们的传播只有电视端，无形之中助长了"唯收视率"的观念。所谓的"唯收视率"也就意味着有些新闻在后期制作上与新闻事实会有些偏离。但是目前这种情况正在慢慢地好转，并且我们对各类媒体的规制已经出现了较为体系的成文或不成文的

规章制度,所以整体媒介环境正在朝向一种更加有序、健康的方向上发展。

项目组: 您个人在媒介变迁与数字化转型之下有怎样的亲身经历和心得体会?

贾　威: 我不妨分享一个细节。2008年汶川地震,我们前往当地直播报道,当时的直播设备只有卫星车,但卫星车无法开进灾区,这就意味着你失去了直播的资格,所以只能通过QQ传输。我记得当时的传输速度只有200kb/s,整个处境可以说是非常尴尬和窘迫的,所有的节目、所有的信息除了电话连线之外,都是相当落后的。

2010年玉树地震,我们已经有了手机3G直播设备,可以拿手机进行3G的直播,但画质非常低,甚至低到连话筒上的台标都看不清楚。但是,你已经有了影像与声音并且能够传输回来,这便是一个非常大的进步。

2013年雅安地震,我们一路上一直在发微博,而媒体网站会把我们记者的微博置顶,自媒体成为一种重要的传播手段。

2014年前后,我们可以通过建立微信群聊进行前后方的信息共享与交流,只要前方记者采集到什么图片、视频,就会把它们扔至群里并附上一句话简单说明,后方编辑会在此基础上进行迅速的编辑和加工。

现在的记者则是可以通过手机端进行高清甚至是4K的直播,写稿系统允许我们在手机上完成编辑编写,编辑也可以随时随地进行审稿批阅,不需要再用微信群与后方进行连接。

贾威随江苏省医疗救援队出征　图片由受访者提供

项目组: 您认为电视媒体应该以什么样的姿态去面对媒介的变迁与转型?

贾　威: 首先必须明确,新闻本身的内涵是不存在创新的。新闻真实、事件完整是我们必须永远追求的,所以我认为我们其实更要去适应的,是跟上传播手段的变化、传播环境的变化。

现在有人说:"电视已死。"我们电视人要思考:这么多年来为什么看电视的年轻人正越来越少,电视新闻、电视台将来要走向何方？从根本上来讲，不是新闻本身变了，而是媒介环境一直在改变。电视台早已失去往日光环，我们要敞开怀抱迎接新兴媒体，要尊重每一个媒体、尊重传播的价值与规律。

对于我们新闻从业者来说，思维方式与制作方式都需要得到转变，尤其是在当今的全媒体传播语境下。比如我们去报道"事件A"，目标是晚上7点播发，你现在就要适应网络传播的"快"的特性。"事件A"刚发生的时候需要有通讯员将相关图片、视频进行播发，记者到达现场时，一段出镜的报道必须尽快传输，通过自己的自媒体或者网络端进行加工播发，与此同时你还需要思考晚间深度新闻的采访制作。这要求你是全天候的、全媒体传播的，必须兼备电视新闻、网络新闻的采制能力。

以上所涉及的是传播手段与传播思维的变化，从宏观层面来讲可能就是电视台管理运营体系的改变。但毋庸置疑的是，新闻的内涵没有改变，更重要的是目前我们对于新闻的研究与挖掘比过去要强很多。

将大爱融于"无情"，守正出新在路上

项目组：您如何看待媒介变迁过程中记者的工作特点？

贾　威：我觉得，作为一个记者来说，要把大爱融于"无情"。面对一个新闻事件，首先你是一个新闻记录

者,你对新闻事件的记录不能受碍于自我情感的好恶与取舍,从这种层面来说,记者是一个无情的记录者,具有机器属性。但由于你的新闻作品会出现在舆论传播平台上,你应该有明确的价值观取向,你可以"无情"地记录,但在你输出的时候必须有所取舍。因为你向大家毫无保留传递的一定是大爱、民主、公正、法治等,但前提是你必须把新闻事件全面准确地记录下来,即便是该事件的阴暗面,如此你才能有更多的余地、更多的对比、更多的角度来判断。有人说,有时候记者就是一个垃圾桶,是一个负面情绪的收集器,你要用自己的价值、自己的判断、自己的思考去消解不公平,去努力完善建立自身的价值认知体系,从而完成自己的职业使命。

项目组:您对媒介变迁的前景有何畅想?

贾 威:在我看来,媒介变迁与发展其实是与技术的变迁与发展息息相关的,而传播方式的变化又是与科学技术的进步同频共振的。就好比 5G 时代的新闻一定会比 4G 时代的新闻更快、更多。我相信,6G 时代的到来会随着我们网络终端的革新与进步带来全新的呈现,首先是传播的速度上会越来越快,其次在可视化方面也是更加逼真、清晰的,传播的体验感也将会是革命性的改变。我相信我们未来的新闻将会是可听、可视、可感的,这可能涉及目前非常流行的元宇宙的理论。而对于新闻方式,越来越凸显的虚拟化、网络化使得受众能够如同置身新闻现场感受氛围。我认为元宇宙的理论很可能成为很多行业的终极发展方向,这也很可能对我们的社会结构、伦理道德等都会带来颠覆性的结果。

项目组: 您认为媒体人如何在媒介变迁的浪潮中坚守自己的新闻理想?

贾 威: 我认为,其一,是不忘初心,我们是为谁去做新闻,做什么样的新闻。我们媒体作为党和人民的喉舌,我们所应该传达的是什么,输出的是什么,传播的是什么,这是每一个新闻人必须始终铭记在心的。其二,我们在不变的同时要求变,要有创新精神,努力地拥抱媒介变迁的大环境、大趋势,毕竟世界的变化、信息的变化很容易超出我们的想象。可以说,新闻人在家休息三个月可能就已经跟不上这个时代了。

同时我也认为,放在一个感性创作的领域,机器人等新兴科学技术是永远不能代替人的,尤其是具有艺术性的领域。电视不完全是艺术,但电视是一种具有艺术成分的媒介手段,哪怕是再灵敏先进的机器人,在价值观的感知与判断层面是不能够替代人类的。

于我而言,我的新闻理想即是将个体的职业生涯与国家历史决定性的发展瞬间紧密联系在一起,可能这个瞬间不会记录下我的名字,但我在见证着历史、记录着历史,并推动着历史的进步。我觉得作为新闻人能够做到这样,新闻生涯也不会再有遗憾了。

采访人员:陆地、李荣华、赵苏萌

姜超楠：
好内容是新闻创作的核心

姜超楠，1987年出生，2010年本科毕业于南京理工大学人文与社会科学学院广播电视新闻学专业。后进入南京日报龙虎网、江苏广电总台融媒体新闻中心工作。任江苏卫视《新闻眼》栏目记者。

一篇篇报道用富有温度的视角、生动鲜活的讲述，多次引发全国关注。工作以来，超过20篇作品获国家级、省级奖项，其中三次获中国新闻奖、一次获国家广播电视大奖、三次获江苏新闻奖。个人获评第6届全国"好记者讲好故事"最佳选手，国家广电总局"激情·奉献·廉洁"先进个人，江苏省最美广电人，江苏省紫金文化人才新闻出版优青，江苏广电总台"年度人物"等荣誉称号。

姜超楠　图片由受访者提供

"记者特别吸引我的一点是,它具有别的职业没有的机会,能够让我们走进这么多人的故事里,我可以在我非常有限的人生里面接触到很多人。"

初心如磐，笃行致远

项目组： 您能谈一下在这个行业中从求学到求职的经历吗？

姜超楠： 我毕业于南京理工大学，学校里面有很好的老师，我在里面学到了很多东西。但是我觉得只有学校的教学没有实践的话，在这方面的滋养是不够的。因为新闻学科是实践性很强的学科。我更多的收获可能是在踏上工作岗位之后摸爬滚打获得的。

我是 2010 年毕业的，当时是在龙虎网工作了 2 年。到 2011 年年底，总台这边创建了《新闻眼》栏目。这个栏目除了省台内部其他部门，如零距离或者像新财经等栏目的同事抽调过来，还进行了社招。我是通过省台里的社招进来的。《新闻眼》栏目是 2012 年的 1 月 1 日创办的，也就是说到今年的 1 月 1 日，正好满十年。我在 2011 年的年底入职，现在还是在这个栏目里，陪它走过了十年的时光。

《新闻眼》是一个电视杂志类节目，我一开始更多地偏向一些社会性新闻。现在我们做的新闻专题类的多一些。当我感觉到产出的频率没有之前那么高了，我会选择把更多的精力投入到创新创优中来。

项目组：您进入新闻行业时的大环境是什么样的？ 和现在比有什么变化吗？

姜超楠：很多人会觉得好像现在不是新闻的黄金时代了，其实我有一个不太一样的想法。

我进入到这个行业的时候，电视的地位仍然稳固，那个时候又恰恰是互联网发展、传播方式发生最大变革的时候。而现在呢，自媒体、专业媒体的竞争越来越激烈，媒介变革成为行业的大背景。

对于内容创作者来说，我并不觉得这是残酷的，这当然为我们提出了更高的要求，但也给内容创作提供了优质土壤，也会优化传播效果。比如说，原来我们的片子在电视上播出，现在我们有更多的传播途径，我们有长短视频的组合，可以用更多元的手段，或者说更有针对性的形式传播到更多人手里。但这一定也是一个优胜劣汰的过程。

现在大家都在追求流量，对我自己来说，我当然希望流量越多越好，但是我没有刻意地说我一定要打造爆款，一定要百万＋、千万＋。我的一个观点是，爆款不等于好作品。爆款之所以有好的传播效果自然是有原因可循，但是在人人追求点击量的时候，我们也需要去沉下心来做一些可能看上去没有这么热闹的事，还需要做一些有一点理想主义的事情。

独树一帜，勇于创新

项目组： 您的《第一书记种瓜记》获得了第 31 届中国新闻奖二等奖，能谈一下它的创作过程吗？

姜超楠： 这个片子有些特别。单听名字"第一书记种瓜记"，感觉是一件非常小的事情。在 2020 年围绕脱贫攻坚奔小康这个主题各个媒体都在发力的情况下，这位第一书记不是获得表彰的人物，他所在的地方也不是标杆。这个报道获奖的原因在于它的创新性。

它是一个非常生动的报道，讲述了省委派驻连云港灌云县张兴村的第一书记丁先锋，他带领村民种瓜增加集体收入，改善低收入户生活，提高他们的生活幸福感的故事。

首先，它是"脱贫攻坚奔小康"这个大主题下的小故事。打电话联系时，能感受到他的身上有一种冲劲儿，也确实扎扎实实做了一些事情，所以我决定先去拍拍他做了什么。到这一步的时候，它还是很平常的一个选题。对于这种选题，可能用半天或者一天的时间就能拍摄完毕。但当我去了现场以后，我发现这个人表达得非常真实，非常生动，也很接地气。就比如他说："省委派我们下来是奔小康，而不是下来种地的，但是你做，老百姓才能看到你在做，你在那里指挥，也不像我们党员干部。"你能感受得到他非常的真实。因为江苏对于消除低收入村有一个考核的指标,就是村集体收入要达到18万+,到后面采访的时候,他说我的目标不是18万+,是180万+,我说那你这话我要播出去了,他说你播啊,我就是有这个信心。就这种对话,我都会把它放进片子里,可能之前不太会出现在电视节目里面,但这种非常生动的描写,我们就都把它放进里面了,其实是在表达他的信心和冲劲儿。恰恰是这种真实和生动使这个默默无闻的人变得很有趣。

姜超楠在工作中　图片由受访者提供

为了更好地去表现我的观察,我们在制作上也花了不少心思。比如群众哈哈哈地笑,我就会做了一个4屏的效果,来强化这种开心;对于"这个钱是不是要带走啊"这句话,我就会用鬼畜的剪辑方式,变成:"你是不是要带走啊","带带带带走啊"。再或者人物正是信心满满,话音刚落我就会给一个黑屏,加上"天有不测风云"的字幕,紧接着就切乌云密布的场景,还会把反转一点的内容剪辑拼接在一起。

这个片子它的传播量还是不错的,视频播放量超过五百万,被国家广电总局"精彩短视频礼赞新中国"《我们的小康》专栏推送。当时有一个有趣的现象是,这个片子在同行中引发了讨论,很多同行说这应该是新媒体版本吧,你们的电视版本什么样?我说我们不仅是在新媒体端这么播,电视端也是如此。能引起同行们对于这种报道的思考和讨论,也是让我非常有收获的事。

现在的背景下我们应该打破藩篱,这几年台里不仅要求我们移动优先,制作形式也需要更加灵活和多元,更适合移动传播的要求。这对于我们的内容创作就提出了更高的要求,不是说电视的作品是何种样态,新媒体的作品又是何种样态,我们不要自缚手脚,永远要走在创新的道路上。

语态的创新也非常重要,我认为语态的创新能够迅速地拉近我们之间的距离,它是可以让你快速地和观众建立一种共鸣。媒介变革与融合都在推动着我们的创新。当然这种创新的根源必然是优质的内容和故事。

有扎实的生动的内容,然后有形式上的创新和语态上的创新,无论在哪个端口播出都会有不错的效果。

项目组：您谈到，您的《第一书记种瓜记》作品出来之后，引起了行业内的一些讨论，那您和团队内的看法是怎样的？

姜超楠：前段时间，我就这个片子和同行们进行了一些分享。很多人就这个片子在提问，因为它是一个非常小的片子。但是它却比一些大制作更引起了同行们的关注。他们都觉得这是一个非常好的作品，但是自己能不能这样做啊，自己的平台准不准，可不可以让自己这样发？

前段时间我在省记协分享的时候，我说其实我在前一年拿到了新闻奖的，我得到了很多人的恭喜。但是今年我拿到中国新闻奖的时候，我得到了很多人的羡慕。不是说羡慕我拿了奖，而是羡慕这样一个另类的作品可以在电视上播出，也羡慕江苏台可以喜欢这样的作品，它认可这样的作品，能够选中它参加中国新闻奖评选。有这样的羡慕其实是我作为创作者的一个荣幸，也是这个作品的荣幸。

其实大家都知道这样的创新是好的，但是我们需要把握创新的度。一来不能哗众取宠，二来不能用力过猛。我们不能去搞一些花里胡哨的内容而忽略新闻的本质。当然我的创新只是其中一种创新形式。对于媒体从业者而言，创新可以说是大家的共识了，但是怎么样去做，每个人会有不同的方式。

我觉得针对不同的内容，我们也需要有判断的能力。如果他是一个很平常的选题,我就中规中矩地完成。但是当我发现是一个好的选题或有可发挥空间的时候,我们还是要尽力挖掘,把我们所抓取到的一些宝藏最大化地释放出来。

当时就是在我们这个团队的内部,得到了领导和同事的支持。我们就是觉得大不了,我再写个传统一点的,试试看吧玩玩看吧,现在还是要有一点这样的胆量的。

时过境迁,与时俱进

项目组：如今受众能通过网络发布更及时的信息。比如说在网络上发一些帖子,发一些微博,有时候会比记者更早接触到并传播新闻事件,您对此怎么看呢?

姜超楠：我觉得现在这种"人人皆记者"的情况出现,一方面可能是挑战,另一方面我们也有了更多的信源,为我们提供了素材,但也提出更高的要求。当大家都在做一些碎片化传播的时候,在准入没有门槛的时候,我们记者是需要有自己的判断有自己的思考,我们非常需要有这种辨别真伪的能力。

我们仍然有优势。比如说有人可能就是拍了一段视频,然后他就上传到了网络。但是一个记者,他能更深入地看到这个事情背后的原因或者说去深入挖掘这个事情。所以冲击一定是有的,但是我觉得没有必要沮丧,因为这正是检验我们的时候。

项目组: 您认为媒介变革与融合新闻,对于新闻生产和工作的这个过程有什么具体影响?

姜超楠: 在我看来,一个方面是对我们发稿的时效性提出了更高的要求。比如说纸媒会有一个出版的时间节点,电视有一个播出的时间节点,但是现在这个节点就不存在了,现在的要求就是移动优先。可能以往电视主打视频,广播主打音频,纸媒主打文字,但现在这种藩篱就全部不存在了,就是大家都有视频传播,都有音频传播,然后都有图文推送。第二个,其实也是一种优化意识。不是说视频就只有我们能做,素人也能做,然后公众号、纸媒等,大家都能做。第三个就是针对我们记者提出了更高的要求。你看现在的一些推出的新闻产品,有一分多钟的短视频,有更短的几十秒的短视频,我们可能也会有深度的图文,或者说像这种电视专题的呈现形式。我不能觉得我是一个做新闻专题的记者,我就不需要去抢时间。

现在每个人实质上都是一个全媒体记者。一方面要求我们就是一个人行动,像一个八爪鱼一样的多能。我们要有视频,我们要有图文,我们要有迅速的这种反应能力。另一方面,也会要求我们团队作战,因为一个人能力和经历是有限的,你的能力再强,你要在最快的时间做出反应也比较困难。后方的支持和配合是必不可少的。

所以现在借助团队的力量,不仅是要把故事讲好,同时还要适应这种融合媒介传播的要求。我把好的内容呈现出来的形式多种多样,团队里有人在处理电视稿,有人会生产可能一分钟左右的在相应的视频号播出的短视频,有人会在微信公众号推出图文推送。对于团队来说,这也是一种考验。

冷静地思考,热情地生活

项目组: 您觉得在现在的环境中,专业记者应该具有怎样的素质才能更好地适应这个媒介变革时代的特点?

姜超楠: 第一个是我们需要在错综复杂的信息中辨别真伪的能力。就像是《爸爸,迟到"十年"的拼图》这个作品的创作过程中,当时台领导提出的第一要求,就是来核实事件的真假。大家确实要有思辨的能力。网上出现一个爆款新闻之后,有时网友会一窝蜂地站在某个立场上。在这种情况下我们需要用更强的思考能力去发现事实,还有背后折射的一些社会现状。

第二个,因为时代给我们提出了在时间、质量方面更高的要求,而且会有很多同级竞争,这就需要我们把内容做好。

最后一个我觉得是我们和受众的关系要走得更近。不是说我想说什么,而是我想要说的事儿怎么让受众听进去。不管我是采用了哪种语态的创新,何种包装手段的创新,这都是在拉近我们之间的距离。

因为我经常是做专访。一方面,我们需要保持冷静的思考,在我们对话的同时,不能全然地沉浸在对方的讲述中。我要有我的信息需求,我要有一些自己的判断。但是同时似乎听上去有一点矛盾的是,我们还需要感同身受的能力,我觉得保持思考是我们作为记者的素质,但是感同身受,它不仅是拉近了我与采访对象之间的距离,其实也是在拉近我与受众的距离。我在感同身受对方的这种经历,其实我也是在努力地让观众去感同身受。在这个过程中大家的距离都更近了。

项目组:您是怎样理解记者这个角色的? 这个角色给您带来了什么?

姜超楠:我有一个特点是我采访时间特别长。当条件允许的情况,我会做一些针对性的铺垫,拉近我们之间的距离,因为很多时候需要走进对方的内心主动拉近距离。受访者无缘无故为什么要跟你讲那些人生的故事,为什么要跟你去分享喜怒哀乐呢。

在我的采访中,我还碰到过好多很纯粹的人。他们就会让我觉得,有些事情你只要努力去做,命运一定不会亏待你。后来我拍摄过很多了不起的人物,他们给我带来的,不在于他们让我的创作获得多高的荣誉,不在于他们让我拿了多少新闻奖,而是他们让我变成了更好的人。采访中接触的很多人真的是给了我很多的触动。

记者特别吸引我的一点是,它具有别的职业没有的机会,能够让我们走进到这么多人的故事里,我可以在我非常有限的人生里面接触到很多人。对于我们自己本身,这也是一个生命力的丰富。当我们坐下来的这一刻,对方赋予了我们信任,在这个信任中间,我们要做的事情很简单,就是去听听他们的故事,去写写他们的人生。

采访人员:李荣华、陆地、赵苏萌

附录：部分访谈合影

项目组访谈陈道龙老师合影

项目组访谈周跃敏老师合影

项目组访谈赵琳老师合影

项目组访谈许宵鹏老师合影

项目组访谈刘娟

项目组访谈贾威老师合影

项目组访谈姜超楠老师合影